港航工程 BIM 建模技术

虞瑜 等 编著

中国水利水电出版社

www.waterpub.com.cn

·北京·

内 容 提 要

本书以一个原油码头港口工程案例为主线，完整地讲述了 Revit 从前期建模到后期出图的全过程。首先介绍了 BIM 的概念和特点，以及 BIM 在港口工程中的典型应用。然后详细介绍了 Revit 软件的界面和基本操作，包括应用程序菜单、选项栏、项目浏览器等，帮助读者快速上手 Revit 软件。

全书内容分三大部分：第一部分主要介绍基础建模以及基础操作，包括"建模准备""族创建""码头项目族库创建"；第二部分为主要部分，介绍港口工程模型的建立，包括工作平台、靠船墩、系缆墩、引桥等港口工程主要建筑物的建模过程，贯穿 Revit 全过程的应用；第三部分主要介绍了明细表、图纸的创建以及模型的导出。

本书配备了极为丰富的学习资源，包括工程图纸等。本书定位于水运工程设计从入门到精通，可以作为水运设计初学者的入门教程。另外，本书所有举例内容均采用中文版 Revit 2020。

图书在版编目（CIP）数据

港航工程BIM建模技术 / 虞瑜等编著. -- 北京 ： 中国水利水电出版社，2024. 5. -- ISBN 978-7-5226-2527-0

Ⅰ．U65；U61

中国国家版本馆CIP数据核字第2024TD5581号

书　　名	**港航工程 BIM 建模技术** GANGHANG GONGCHENG BIM JIANMO JISHU
作　　者	虞　瑜　等　编著
出版发行	中国水利水电出版社 （北京市海淀区玉渊潭南路 1 号 D 座　100038） 网址：www.waterpub.com.cn E-mail：sales@mwr.gov.cn 电话：（010）68545888（营销中心）
经　　售	北京科水图书销售有限公司 电话：（010）68545874、63202643 全国各地新华书店和相关出版物销售网点
排　　版	中国水利水电出版社微机排版中心
印　　刷	北京印匠彩色印刷有限公司
规　　格	184mm×260mm　16 开本　14 印张　335 千字
版　　次	2024 年 5 月第 1 版　2024 年 5 月第 1 次印刷
定　　价	**68.00 元**

本书编委会

主　编　虞　瑜

副主编　钱原铭　韩　吉　胡栋辉　于海锋

参　编　杨　彪　杨艺平　李家华　朱奇锋

　　　　吴海军　陈吉江

前　言

本书是一部全面介绍 BIM 技术在港航工程领域应用的教材。随着科技的不断发展和建筑行业的日益复杂，BIM 作为一种革命性的技术，正在逐渐成为建筑设计和施工领域的主流工具。本教材旨在帮助读者理解 BIM 技术的概念和特点，掌握 Revit 软件的基本操作，以及如何运用 BIM 技术和 Revit 软件进行港航工程建模。

在本书的开篇章节中，我们深入探讨 BIM 的概念和特点。BIM 不仅是一种建模工具，更是一种跨学科、跨专业的协作方式，它能够帮助工程团队在建设项目的各个阶段共享和管理信息，实现设计、施工、运营全生命周期的一体化管理。通过学习 BIM 的八大典型应用，读者可以了解 BIM 在实际工程中的广泛应用领域，从而深入理解其重要性。

随后，我们将引导读者进入 Revit 软件的世界。Revit 作为一款专业的 BIM 工具，具有强大的建模和协作功能。本书将详细介绍 Revit 软件的界面布局，包括应用程序菜单、选项栏、功能区等，以及 Revit 软件的基本操作技巧，如视图操作、项目基点与测量点的设置、常用修改工具等。同时，我们还将介绍 Revit 软件中常用的术语和概念，帮助读者快速熟悉软件操作环境，为后续的建模工作做好准备。

随着对 Revit 软件的初步了解，我们将带领读者进入原油码头港口工程项目创建的准备阶段。在这一部分，读者将学习如何熟悉项目任务、建模说明，以及创建项目所需的建模依据和相关准备工作。从选择项目样板到设置项目信息，再到保存项目，每一个步骤都将被详细讲解，以确保读者能够顺利启动并完成原油码头港口工程项目的创建。

本书还将重点介绍 Revit 软件中族及相关梁、桩、桩帽等的参数化，以及如何创建不同类型的建筑元素。通过学习族的分类、定位，以及族参数的设定与应用，读者将掌握如何灵活地创建各种复杂的建筑结构和构件。特别是针对原油码头港口工程项目的需求，本书将详细介绍港口工程中工作平台以及大量墩式平台等建筑部分的创建过程，帮助读者了解如何利用 Revit 软件实现真实、精确的建模效果。

　　本书还将引导读者创建明细表及图纸，并探讨如何将模型导出到不同格式文件。通过学习如何创建不同构件的明细表和分项图纸，读者将逐步掌握Revit软件的深层次应用技巧，为将来的工程实践提供坚实支持。同时，教材还将强调图纸打印和模型导出的重要性，帮助读者将建模成果有效地呈现和交流。

　　本书旨在帮助读者全面了解BIM技术和Revit软件在港航工程建模中的应用，提升读者的建模技能和专业水平。通过深入学习本书内容，读者将掌握建筑信息模型的核心理念和操作技巧，从而在实际工程项目中进行高效、精准的建模工作，为港航工程领域的发展贡献自己的力量。愿本书成为读者学习、探索和实践的良师益友，引领读者走向BIM技术的精彩世界！

作者

2024 年 4 月

目　录

第1章 BIM 与港口工程概述

1.1 BIM 简 介

建筑信息模型（Building Information Modeling，BIM）是一种数字化的建筑设计、施工和管理方法，通过集成多种建筑相关数据和信息，创建出建筑物的三维模型。BIM 不仅仅是一个软件工具或者一个模型，它更是一种协同工作的理念和流程。BIM 的重要特点和优势如下：

（1）三维建模。BIM 利用三维模型来展示建筑物的结构、构件、设备和系统等各个方面的信息，可以更直观地展示建筑物的整体设计和构造。

（2）信息集成。BIM 整合了建筑设计、结构设计、机电工程、设备管理等多个方面的信息，实现了各个专业之间的信息共享和协同工作。

（3）数据丰富。除了几何信息外，BIM 还包含建筑元素的属性信息、材料信息、成本信息、施工进度信息等，为建筑物的设计、施工和管理提供了全面的数据支持。

（4）协同工作。BIM 能够促进建筑项目各参与方（建筑师、工程师、施工方、业主等）之间的协同工作，减少信息交流误差，提高工作效率。

（5）模拟和分析。基于 BIM 模型，可以进行建筑物的模拟和分析，如能源效率分析、碰撞检测、可视化展示等，帮助优化设计方案并提前发现问题。

（6）生命周期管理。BIM 覆盖了建筑物的整个生命周期，从设计阶段到建造、运营、维护和拆除阶段，实现了全方位的信息管理和服务。

总的来说，BIM 通过数字化技术的应用，提高了建筑行业的效率和质量，减少了成本和风险，是现代建筑设计和管理的重要工具和方法。

1.2 BIM 技术在港口工程中的运用

在港口工程中，运用 BIM 技术可以提高工程项目的科学性。港口工程中的一个较为显著的问题就是计算的精度和准确性，如果可以充分运用 BIM 技术，就可以明显提高其计算精度，还可以升级其计算方式，这对港口工程有很大裨益。集装箱港口如图 1-1 所示。

BIM 技术可以准确计算港口工程的工程量，根据设计方提供的 Revit 软件设计出模型。另外，可以使其与国际标准接轨，这对港口工程的实际施工运用十分重要。在港口工程中运用 BIM 技术后，整个港口都是可视化的，设计单位可以直接运用三维立体旋转模型对施工单位进行交底工作，并且进行试验操作，对于可能出现的问题和可能出现的安全隐患进行模拟试验；施工单位可以更加细致地了解施工细节，并通过试验检测出港口模型和整个项目工程的错误，对其加以改正。其具体应用如下：

图 1-1　集装箱港口

1. 通过碰撞及时发现问题和漏洞

传统的图纸不具有可视性，并且是平面二维的，无法对其进行试验检测，但是利用 BIM 技术可以建立起三维立体模型，通过碰撞的模式可以对其进行检测和优化，从而发现问题，改正错误，提高设计的科学性。在码头工程设计阶段，导入工程实际的地面模型，可以绘制海面、道路设施等，再利用相应软件进行碰撞检查，检查码头所有构件尺寸、标高、位置的关系和协调性，例如高桩码头斜桩之间的位置关系、桩台与接岸结构之间的标高位置关系等。通过碰撞检查，施工人员更容易发现地形、波高对工程的影响，及时发现施工中可能遇到的问题，从而及时调整工程方案或更换施工方法。

2. 可视化施工过程

BIM 技术的一个重要特点是可视化，这一特点可以让施工单位、甲方或者招标方更加详细地了解港口项目工程的建成效果。传统的招标项目一般采用项目工程的平面图、渲染效果图进行招标工作，或制作一个三维立体动画来介绍自己的设计，但是这些都不如 BIM 技术建立的三维立体模型直观。BIM 技术建立的模型可以提高项目招标的中标率，在项目施工的过程中可以更好地进行项目交底和施工操作，模拟很多施工细节操作，提高工程的科学性和管理效率，节约工程成本，减少工期。运营中的港口如图 1-2 所示。

图 1-2　运营中的港口

3. 提高工程计算的精度

我国现今大多数港口工程的计算都停留在使用 Excel 软件的阶段，但对于港口工程来说仅仅使用 Excel 软件很明显不够，精确度也不够高。BIM 技术的运用，因其计算精确度高，不论是对于业主还是施工单位都可以很好地计算工程预算，从而更合理地安排项目工程，提高项目工程的效益。BIM 技术和 Revit 软件两者相结合可以更好地达到国际上的先进计算标准和精度要求，方便项目与国际接轨。

4. 完善组织设计

在港口工程的施工过程中，通过 BIM 技术的运用可以很好地完善组织设计，对项目工程进行动态管理。在实际的施工过程中，项目施工具有不确定性，原材料也没有最优的说法。在科技日益发展的今天，新技术新材料层出不穷，为了保证港口工程项目的工程质量，节省工程成本，在施工和设计的过程中往往会运用新材料，但是新材料的运用势必是会对工程的预算造成影响。如果采用 Excel 软件，计算量大，计算精度也不准确，会对工程造成一定程度的影响。

施工方还可以通过 BIM 技术合理地对施工过程中的进料、材料的存放和使用进行管理，降低工程成本的同时提高工程施工效率，还可以通过 Revit 软件减少材料的损害率，直接减少工程成本，提高经济效益。BIM 技术还有助于科学地管理机械，提高机械的使用率，提高机械的运行效率。总的来说，BIM 技术在完善组织设计，对项目进行动态管理方面有很大作用，在不久的未来，相信 BIM 技术一定会广泛运用到港口工程的项目施工中。

第2章 Revit 软件

Revit 是 Autodesk 公司一套系列软件的名称。Revit 系列软件是为 BIM 构建的，可帮助建筑设计师设计、建造和维护质量更好、能效更高的建筑。Revit 软件是我国建筑业 BIM 体系中使用最广泛的软件之一。

2.1 Revit 软件界面介绍

2.1.1 应用程序菜单

Revit 的应用程序菜单其实就是 Revit 文件菜单，如图 2-1 所示。

2.1.2 选项栏和功能区

选项栏和功能区是建模的基本工具，包含建模的全部功能命令，包括"建筑""结构""系统""插入""注释""分析""体量和场地""协作""视图""管理""修改"等选项卡。重点介绍以下选项卡：

（1）"建筑"选项卡。"建筑"选项卡包含创建建筑模型所需的大部分工具，如墙、门、窗、楼板等，如图 2-2 所示。

（2）"插入"选项卡。"插入"选项卡是用于添加和管理次级项目的工具，可将外部数据载入项目，如"链接 Revit""链接 CAD""载入族"等，如图 2-3 所示。

（3）"注释"选项卡。"注释"选项卡是用于将二维信息添加到设计中的工具，如"尺寸标注""详图""文字"等，如图 2-4 所示。

图 2-1 应用程序菜单

图 2-2 "建筑"选项卡

图 2-3 "插入"选项卡

图 2-4 "注释"选项卡

（4）"修改"选项卡。"修改"选项卡是用于编辑现有图元、数据和系统的工具，如构件的复制、粘贴、陈列、移动等，如图 2-5 所示。

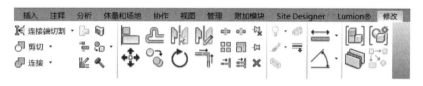

图 2-5 "修改"选项卡

（5）"体量和场地"选项卡。"体量和场地"选项卡是用于建模和修改概念体量族和场地图元的工具，包括"概念体量""面模型""场地建模"等，如图 2-6 所示。

图 2-6 "体量和场地"选项卡

（6）"协作"选项卡。"协作"选项卡是用于与内部和外部项目团队成员协作的工具，包括"管理协作""同步""管理模型"等，如图 2-7 所示。

图 2-7 "协作"选项卡

（7）"视图"选项卡。"视图"选项卡是用于管理和修改当前视图以及切换视图的工具，包括"图形""演示视图""创建""图纸组合"等，如图 2-8 所示。

图 2-8　"视图"选项卡

（8）"管理"选项卡。"管理"选项卡包括"项目位置""设计选项""管理项目"等，2219 版本之后 Dynamo 可视化编程也放置到管理选项卡中，提供更强大的参数化设计功能，如图 2-9 所示。

图 2-9　"管理"选项卡

2.1.3　快速访问工具栏

快速访问工具栏显示用于对文件保存、撤销、粗细线切换等操作的选项。快速访问工具栏可以自行设置，只要在需要的功能按钮上右击，选择添加到快速访问工具栏即可，如图 2-10 所示。

图 2-10　快速访问工具栏

2.1.4　项目浏览器

项目浏览器用于组织和管理当前项目中包含的所有信息，包括项目中所有"视图""明细表/数量""图纸""族""组""Revit 链接"等项目资源。Revit 按逻辑层次关系组织这些项目资源，方便用户管理。

选择"视图"选项卡，单击工具面板上的"用户界面"按钮，在弹出的用户界面下拉菜单中勾选"项目浏览器"复选框，即可重新显示"项目浏览器"。在"项目浏览器"面板的标题栏上按住鼠标左键不放，移动鼠标指针至屏幕适当位置并松开鼠标，可拖动该面板至新位置。当"项目浏览器"面板靠近屏幕边界时，会自动吸附于边界位置。用户可以根据自己的操作习惯定义适合自己的"项目浏览器"位置，如图 2-11 所示。单击"项目浏览器"右上角的"×"按钮，可以关闭"项目浏览器"面板，以获得更多的屏幕操作空间。

2.1.5　"属性"栏

"属性"栏位于 Revit 的工具栏"视图"→"用户界面"→"属性"。可从"属性"栏对选择对象的各种信息进行查看和修改，功能十分强大，可通过快捷键【Ctrl＋1】快速打开和关闭"属性"栏，如图 2－12 所示。

图 2－11　项目浏览器　　　　　　图 2－12　"属性"栏

2.1.6　视图控制栏

视图控制栏用于调整视图的属性，包含比例、详细程度、视觉样式、打开/关闭日光路径、打开/关闭阴影、显示/隐藏渲染对话框（仅当绘图区域显示三维视图时才可用）等工具，如图 2－13 所示。

图 2－13　视图控制栏

2.2　Revit 软件基本操作

2.2.1　视图操作

"视图"可通过"项目浏览器"进行快速切换；同一个界面可用快捷键【WT】同时打

7

开多个视图；在平面中查看三维视图，在快速访问栏中选择"三维视图"的🔷按钮即可。若想查看局部三维视图，需打开三维视图，然后通过"属性"中勾选"剖面框"，当三维视图界面中出现线框时，拖曳控制点调整剖切范围。

除了用键盘鼠标控制视图，软件还提供了如图 2-14 和图 2-15 所示的工具，用于动态观察。

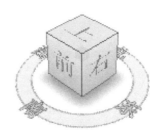

图 2-14　导航盘　　　　　　图 2-15　导航栏

2.2.2　项目基点与测量点

在 Revit 项目中，每个项目都有项目基点⊗和测量点△，但是在软件默认的楼层平面中，测量点和项目基点一般都不可见，只有在场地平面中才可见，通过调整图形可见性，可以让项目基点与测量点在楼层平面中显示出来。具体步骤为：

（1）首先新建一个项目，项目切换至楼层平面，使用快捷键【VV】，或在"视图"选项卡"图形"面板中选择"可见性/图形"，弹出"可见性/图形替换"对话框，如图 2-16 所示。

图 2-16　图形可见性

（2）在弹出的对话框"模型类别"栏找到"场地"选项，单击⊞按钮展开下拉列表，勾选"测量点""项目基点"前的方框，单击"确定"按钮，即可将测量点和项目基点显示在楼层平面视图中，如图 2-17 所示。

默认情况下测量点和项目基点是重合的，并位于视图的中心，如图 2-18 所示。

1. 项目基点

在 Revit 中，项目基点定义了项目坐标系的原点（2，2，2），还可用于在场地中确定建筑的位置，并在构造期间定位建筑的设计图元。当基点显示为🔲（裁剪）时创建的所有图元都会随着基点的移动而移动。

将鼠标放置在两点的中心位置，使用【Tab】键选中测量点，在视图控制栏单击🔧按钮，选择隐藏图元（图 2-19），视图中将只剩下项目基点。

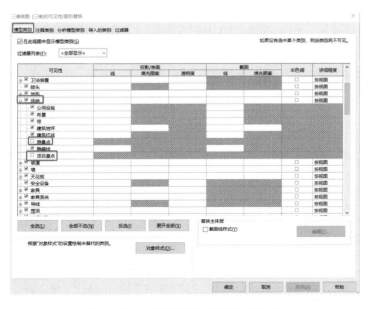

图 2-17 设置测量点和基点的可见性

图 2-18 测量点与项目基点

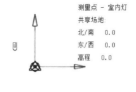

图 2-19 隐藏测量点

需要注意的是，在 Revit 中，同一位置有多个图元时，在被激活的当前视图下，将鼠标光标移动到图元位置，重复按【Tab】键，直至所需图元高亮为蓝色，此时单击可准确快速选中目标图元。

选择项目基点，单击图中的任意数值，可修改相应的坐标，项目基点主要包括北/南、东/西、高程以及到正北的角度设置。除了单击相应数值修改以外，还可在"属性"栏进行修改，如图 2-20 所示。

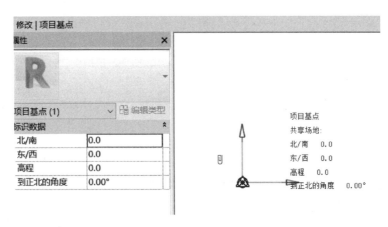

图 2-20　设置基点位置

2. 测量点

测量点代表现实世界中的已知点，例如大地测量标记。测量点用于在其他坐标系（如在土木工程应用程序中使用的坐标系）中正确确定建筑几何图形的方向。

当测量点显示为裁剪状态时，测量点的坐标值将不能修改，"属性"栏为灰色，如图 2-21 所示；移动测量点，测量点坐标保持不变，项目基点坐标会发生相应变化。

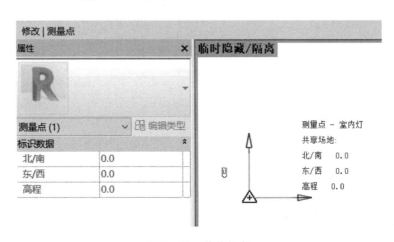

图 2-21　裁剪状态

当测量点显示为非裁剪状态时，测量点的坐标值变为可编辑状态，移动测量点，项目基点的坐标不发生变化，而测量点坐标发生变化，如图 2-22 所示。

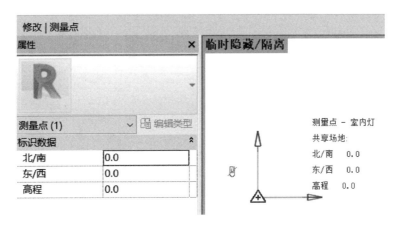

图 2-22 非裁剪状态

2.2.3 常用修改工具

"修改"选项卡中常用的工具如图 2-23 所示。当选择某一构件时会弹出相关的修改命令,用于对特定图元进行修改,如选择墙体会自动弹出"修改 | 放置墙"选项卡,如图 2-24 所示。

图 2-23 "修改"选项卡中常用的工具

图 2-24 "修改 | 放置墙"选项卡

2.3 Revit 常 用 术 语

2.3.1 项目与项目样板

项目就是实际建模项目;项目需基于项目样板进行创建,项目后缀名如图 2-25 所示,项目的格式为 .rvt。

项目样板是一个模板,样板里已设置了一些参数,比如载入了一些符号线、标注符号等族;保存设置好的项目样板可应用在日后的项目上,无须重复设置参数,项目样板后缀名如图 2-26 所示,文件格式为 .rte。

图 2-25　项目后缀名

图 2-26　项目样板后缀名

需要注意的是，一栋大厦的建筑、结构、机电构件的设计与施工，需要建立不同的文件，但它们共用一套轴网，这时只需要建立一个项目样板共用一套标高轴网，不同的专业都可采用这套标高轴网系统进行建模。

2.3.2　族与族样板

Revit 族是一个包含通用属性（称作参数）集和相关图形表示的图元组。每个族图元能够在其内定义多种类型，每种类型可以具有不同的尺寸、形状、材质设置或其他参数变量。属于一个族的不同图元的部分或全部参数可能有不同的值，但是参数（其名称与含义）的集合是相同的。族文件格式为 .rft。

族样板是创建族的初始文件，当需要族时可找到对应的族样板，里面已设置好对应的参数；族样板一般在安装软件时自动下载到安装目录下，其格式为 .rft。

2.3.3　实例参数与类型参数

实例参数是每个放置在项目中实际图元的参数。以本项目将会使用的柱子为例，选中一个柱子图元，其"属性"栏如图 2-27 所示。"属性"栏中参数都是这个柱子的实例属性，如果更改其中的参数，只是这个柱子变化，其他的柱子不会变化。比如把顶部偏移改为 1500，如图 2-27 所示，另一个柱子不会跟着改变。实例参数只会改变当前图元，如图 2-28 所示。

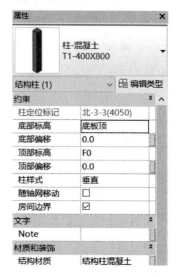
图 2-27　"属性"栏

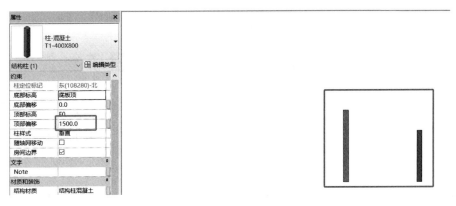

图 2-28 实例属性

　　类型参数是调整这一类构件的参数。例如，单击"编辑类型"可修改类型参数（图 2-29），更改截面参数宽、长为 800×600，两个柱子都跟着调整（图 2-30）。

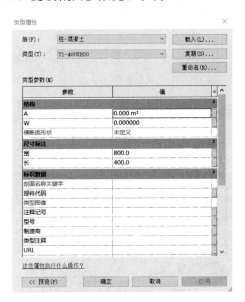

图 2-29 类型参数

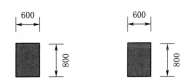

图 2-30 更改参数（单位：mm）

第3章 港口工程项目 BIM 建模准备

BIM 是一种应用于工程设计、建造、管理的数据化工具，通过对工程项目的数据化、信息化模型的整合，在项目的策划、运行和维护的全生命周期过程汇总进行共享和传递，使工程的技术人员对各种建筑信息做出正确理解和高效应对，为设计、施工、运营单位等建设主体提供共同工作的基础，在提高生产项目效率、节约成本和缩短工期方面发挥重要作用。BIM 是继 CAD 之后的新一代软件，相比于二维图纸，BIM 模型中包含丰富的模型信息，蕴藏了更多的潜能。

港口工程 BIM 协同设计开展前，需制定清晰的 BIM 实施策略作为项目 BIM 协同设计中各参与人员的基本操作准则，将对公共数据的管理、项目成果的标准等进行规定，规范项目的实施。

3.1 工 程 概 况

本工程位于江苏省某地，建设规模为 1 个 30 万 t 级原油泊位，利用岸线总长 412m，如图 3-1 所示。

图 3-1 项目概况

3.2 建模准备的目的

3.2.1 BIM 正向设计的主要特点

（1）BIM 模型的创建，是依据设计意图而非成品或半成品的图纸。

（2）BIM 模型作为首选项，进行设计的性能指标计算、设计推演和合规；且基于 BIM 模型出图和统计工程量。

（3）BIM 模型作为主要的成果载体，进行交互和阶段交付。

（4）BIM 模型中包含设计相关信息，其信息的价值量大于图形的价值量。

（5）BIM 模型作为核心模型，可直接或间接用于多种 BIM 应用，并可以从应用中获得直接或间接的回馈，用以丰富和优化 BIM 模型。

（6）BIM 模型具有可传递性，可在原模型的基础上优化，可用于后续阶段，而不是重新建模。

（7）BIM 建模人员即为设计人员。

（8）基于 BIM 模型可进行多专业协同设计。

（9）BIM 与 CAD 可配合完成设计工作。

（10）BIM 出图的表达方式接近传统的表达方式。

3.2.2　BIM 设计与传统设计模式的区别

在设计阶段，BIM 正向设计与传统 CAD 设计流程没有本质的区别，项目设计中所需要的计算、有限元结构分析、数值模拟等，一般保持不变；而在施工图绘制、工程量统计等方面存在不同，主要包括以下方面：

1. 设计载体不同

BIM 的设计载体是可视化、可参数化的三维模型，而传统的设计载体则是由线条、文字等图元构成的相对离散的 CAD 图形。可视化能够更好地表达设计意图，参数化方便项目的方案修改。但同时，在三维模型环境中，原本有些构件在二维图纸中无须表达或者无须精确表达的，在 BIM 模型也必须精确表达，如管道的弯头、门槛、机电油管线的三维位置等，均需如实建模，调整起来也需要更多的工作量。这在一定程度上降低了效率，但设计效果会更好。

2. 制图原理不同

BIM 正向设计以三维模型为出发点，其制图原理是基于三维模型进行投影或剖切，形成二维的施工图，但二维施工图的线条仍然与三维构件关联，包含丰富的信息。而 CAD 模型以线条和符号为主要表达信息，CAD 中的图元无专业意义。

正向设计产生的图纸无法像 CAD 软件一样自由编辑，导致在一些情况下在图面上无法实现传统的表达方式，图面的美观程度不如 CAD 施工图，但不影响它的信息表达。

3.2.3　BIM 设计的技术优越性

在设计阶段，BIM 相对于传统的 CAD 画图的优势主要如下：

（1）CAD 软件中的点、线、面等无专业意义。BIM 技术的基本元素，如墙、窗、门等，不但具有几何特性，还具有建筑物理特征和功能特征。

（2）CAD 软件中如果想改动图元的位置、大小或者其他信息，需要再次画图，或者通过拉伸命令调整大小。BIM 技术则将建筑构件参数化，附有建筑属性，在"族"的概念下，只需要更改属性，就可以调节构件的尺寸、样式、材质、颜色等。

（3）CAD 软件表达的各个建筑元素之间没有相关性，而 BIM 技术中的构件则相互关联。例如删除一面墙，墙上的窗和门跟着自动删除；删除一扇窗，墙上原来窗的位置会自动恢复为完整的墙。

（4）CAD 软件在平面上进行一次修改，则其他各面都需要进行人工修改，如果操作不当会出现不同角度视图不一致的低级错误。而 BIM 软件进行一次修改，则平面、立面、剖面、三维视图、明细表等都自动进行相关修改，实现了一处改动，处处改动。

（5）CAD 软件提供的建筑信息非常有限，它只是将纸质图样电子化，不具备专业知识的人是无法看懂的。但 BIM 技术包含了建筑的全部信息，不仅可以提供形象可视的二维和三维视图，还可以提供工程量清单、施工管理、虚拟建造、造价估算等更加丰富的信息，便于项目各个部门的相互沟通和协同工作。

3.2.4　建模准备的目的

建模准备工作的目的是确保项目参与者在 BIM 设计过程中，均按一致的原则进行协同操作、开展设计工作，使得各专业间能更高效、准确地分享数据，项目成果表达更趋统一等。

（1）通过采用协调一致的 BIM 工作方法，最大限度地提高生产效率。

（2）制定标准、模板，进行统一设置，确保在整个项目中产出高质量的、形式统一的成果。

（3）确保数字化 BIM 文件结构的正确，从而实现高效的数据共享，同时使多专业团队既能在内部，也能在外部的 BIM 环境中进行协作。

3.3　工作流程与项目分解

3.3.1　工作流程

对于常规的港口码头项目，BIM 设计的工作流程主要分为前期准备、设计建模、模型运用、成果提交等阶段，具体如图 3-2 所示。

针对本项目水工土建工程（不含设备建模）开展 BIM 技术应用工作，具体工作内容和要求如下：

1. BIM 模型

以项目某一约定版本的施工图为准，建模精度参照 LOD300，水工工程模型需参照《水运工程信息模型应用统一标准》（JTS/T 198-1—2019）进行编码。

2. 碰撞检查与工程量校核

需在设计阶段开展碰撞检查，包括硬碰撞和软碰撞（净距），利用创建的模型开展自查，优化方案。同时要根据 BIM 模型校核工程量，提供更准确的工程量信息。

3. VR 场景渲染与展示

对现场重点部位进行渲染，模拟项目虚拟场景。并结合 VR 技术和二维码轻量化技术实现 VR 场景 360°全景展示。

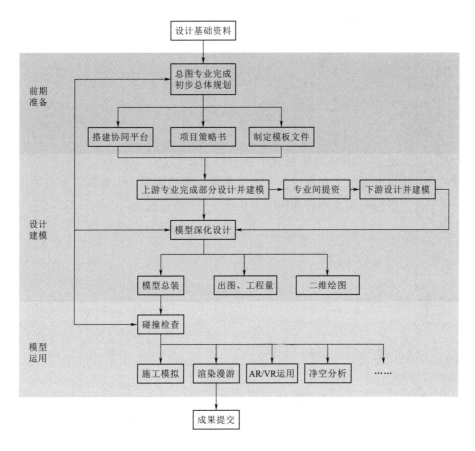

图 3-2　BIM 设计流程图

4．视频制作

制作施工模拟视频。

3.3.2　项目分解

结合 BIM 工作范围和涉及专业，通常按照项目的专业进行分解，如水工结构、给排水、电器、设备等。

3.4　项目的设计协同

3.4.1　BIM 软件

本项目各专业将利用各自 BIM 软件完成建模、成果表达等设计工作，通过数据共享平台 Autodesk Vault（简称"A 平台"）实现协同（图 3-3），后期再利用相应软件进行成果整合与效果呈现。本项目初步拟定各专业间模型的协同设计并通过链接的方式进行。具体采用软件列表见表 3-1。

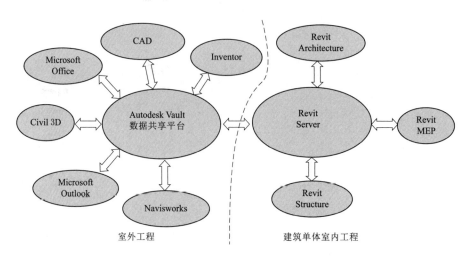

图 3-3 基于 A 平台的 BIM 设计协同

表 3-1 软 件 列 表

专 业	软 件	功 能
通用	Autodesk Vault	数据共享
	Navisworks	模型总装、碰撞检测及施工模拟
	3d Max Infraworks	后期渲染漫游
总图	Civil 3D	港池疏浚
工艺	PDsoft	港机设备等
水工	Civil 3D Revit HIDAS	码头建模与出图 结构配筋
给排水	Revit MEP Civil 3D	室外给水排水、消防管网
电气	Revit MEP	室外电气系统

3.4.2 软件版本与协同要求

（1）本项目拟定各专业间模型的协同设计通过链接的方式进行。

（2）所有的文件均按本项目策略书规定的方式进行命名，存放在正确的文件夹位置。

（3）所有的建模软件均采用统一版本如 2020 版本，且必须统一的项目样板开展建模工作以保证坐标系统一。

3.5 模 型 编 码 规 则

港口工程模型（包括室外管线、综合管沟、地基处理等室外模型）需参照《水运工程信息模型应用统一标准》（JTS/T 198－1—2019）进行编码，室内工程参照建筑行业标准执行。

3.5.1 《水运工程信息模型应用统一标准》（JTS/T 198－1—2019）简介

本标准主要涉及信息模型、分类与编码、数据交换结构、交付、协同、模型应用等相关规定。

本项目的编码遵循标准中第 5 章节分类与编码的相关规定。该章节列出了信息分类结构、分类表及代码和具体的编码应用要求及示例表。其中信息模型的信息分类表共有 13 张，分别应用于水运工程单体、构件与设备、工作阶段、专业领域、施工阶段分部分项及质量检验批次、工程量归类、建筑材料产品与设备产品、管理机构组织、参与人员角色、交付成果、项目（单体、构件和设备）专业特征、领域特征的划分。具体可见标准中表 5.2.2、表 5.2.3、5.3 章节、5.4 章节和附录 A 的内容。

3.5.2 本项目编码规则

基于项目具体情况与实操性，采用分类表中的"水运工程构件与设备"（标准附表 A.0.2）对模型进行编码，分类表代码为 62。通过在族中添加名为"水运工程编码"的字段，字段值即为标准附表 A.0.2 中对应的构件编码。

以码头模型钢管桩构件为例，通过结构柱明细表为结构柱族类别添加共享参数"水运工程编码"。对照标准中附表 A.0.2，找到第一级为"水工构件"，第二级为"桩基式结构"，第三级为"桩基"，第四级为"钢管桩"，对应的编码为 62－10.01.01.05，将该编码赋值给"水运工程编码"即可。《水运工程信息模型统一标准》附表 A.0.2 钢管桩编码信息见表 3－2。

表 3－2　　《水运工程信息模型统一标准》附表 A.0.2 钢管桩编码信息

编 码	第一级	第二级	第三级	第四级
62－09.01.06.00			纵向整体架式两支点下水架	
62－09.01.07.00			纵向斜船架	
62－09.01.08.00			U 形下水架	
62－09.01.09.00			抬船横梁	
62－09.02.00.00		横向机械式滑道		
62－09.02.01.00			横向整体式斜船架	
62－09.02.02.00			整体式高低轨下水架	
62－09.02.03.00			分节式高低轨下水架	
62－09.02.04.00			楔形下水架	
62－09.02.05.00			随船架	

续表

编　码	第一级	第二级	第三级	第四级
62 - 10.00.00.00	水工构件			
62 - 10.01.00.00		桩基式结构		
62 - 10.01.01.00			桩基	
62 - 10.01.01.01				钻孔灌注桩
62 - 10.01.01.02				预应力混凝土方桩
62 - 10.01.01.03				预应力高强混凝土管桩
62 - 10.01.01.04				大管桩
62 - 10.01.01.05				钢管桩
62 - 10.01.01.06				挖孔桩
62 - 10.01.02.00			桩帽	
62 - 10.01.02.01				矩形桩帽
62 - 10.01.02.02				三角形桩帽

Revit 文件中钢管桩构件编码信息如图 3 - 4 所示。

图 3 - 4　Revit 文件中钢管桩构件编码信息

3.6　命　名　规　则

本项目命名规则按照港口工程项目 BIM 设计中的命名要求，主要包括模型文件命名规则、族文件命名规则、构件命名规则和模型材质命名规则。

3.6.1　模型文件命名规则

建议依据项目分解，以单位工程的单个专业作为模型的最小文件单位。文件名称由项目代码、分区或系统、专业代码组成，采用字符"—"连接的形式，如下所示：

项目代码—分区/系统—专业代码

示例：2000t 级集装箱驳船码头单位工程中的电气专业模型，文件名称：XSG‐2000t级集装箱驳船码头—电气。

（1）项目代码：用于识别项目的代码，如新沙项目是采用"新沙港"拼音首字母大写作为项目代码，即"XSG"。

（2）分区/系统：用于表达模型的位置，建议以单位工程的中文名称作为分区/系统名称，如有子单位工程的项目宜在"分区/系统"编码后面用连接字符"—"加上子单位工程项目名称，如下所示：

项目代码—分区/系统—子单位工程—专业代码

示例：室内工程中的变电所 S1～S4 子单位工程的电气工程模型文件，文件名称：XSG—室内工程—变电所 S1～S4—电气，XSG—室外工程—11#泊位—电气。

（3）专业代码：用于区分模型所从属的专业，如总图、水工、给排水、电气、路场、岩土、工艺、综合管沟结构、控制、通导、暖通、建筑、结构、总装等。

3.6.2　族文件命名规则

族文件命名上应保证名称的唯一性，建议由专业代码、名称（中文）、规格/型号、备注（选填）组成，采用字符"—"进行连接，如下所示：

专业代码—名称—规格/型号—备注

示例：CX1a 沉箱，族名称：水工—沉箱—CX1a。

（1）专业代码：确定族的专业属性，参照 6.1 章节专业代码执行。

（2）名称：确定族的实际用途，应尽量与施工图设计文件所表述构件名称保持一致。

（3）规格/型号：具体族类型，如该族包含多个规格型号可不填。

（4）备注：如上述参数仍不能满足族命名的唯一性要求，可在备注中进行补充说明。

3.6.3　构件命名规则

构件的命名上为了保证模型构件识别的准确性，模型构件的名称应与施工图设计文件上的构件名称保持一致性。

3.6.4　模型材质命名规则

为了保证模型外观的真实性，模型材质的选用应尽可能贴近真实材料，在材质命名上建议通过规格和材料两个名称进行描述，用字符"—"连接，如下所示：

规格—材料

示例：10～100kg 二片石，材质名称：10～100kg—二片石。

3.7 模 型 深 度

港口工程项目建模精度参照 LOD300，形成施工深度模型，模型深度参照规划《水运工程设计信息模型应用标准》（JTS/T 198-2—2019）执行。

3.8 项 目 标 准

港口工程项目需在相同的坐标下按照统一的表达方式进行设计。

3.8.1 项目共享坐标

项目基点：采用 2000 国家大地坐标系（BIM 模型与图纸中坐标系保持统一），选用项目控制点作为本项目基点。

3.8.2 项目样板

项目的样板文件已设置好项目基点，各专业建模需基于以上样板文件开展建模，以保证坐标系的一致性。Revit 样板为 .rte 格式，在创建 Revit 项目时载入。

3.8.3 颜色规定

利用 Revit 软件进行建模和出图，建议遵守表 3-3～表 3-5 的颜色方案。

表 3-3 颜色方案（通用）

专业	族类别	构件实例	模型材质颜色 ID	二维投影颜色 ID	线宽
通用	系统族	标记/文字注释	—	231（255，170，212）	3
		注释（符号）	—	131（170，255，255）	5
		参照平面、参照线	—	96（0，104，0）	1
		标注（尺寸标注）	—	211（255，170，255）	3
		轴网标头	—	31（255，212，170）	3
		轴网	—	191（212，170，255）	3
		视口标头	—	191（212，170，255）	3
		标高标头（水位线）	—	10（255，0，0）	3
		高程	—	111（170，255，212）	3
		剖面	—	111（170，255，212）	3
		图框	—	6（255，0，255）	10

表 3 - 4 颜色方案（水工专业）

专业	族类别	构件实例	模型材质颜色 ID	二维投影颜色 ID	线宽
水工专业	结构柱	桩	52 (189, 189, 0)	52 (189, 189, 0)	8
	结构框架	梁、胸墙	12 (189, 0, 0)	12 (189, 0, 0)	8
		钢轨	253 (130, 130, 130)		
	楼板	现浇面板	192 (94, 0, 189)	192 (94, 0, 189)	8
	常规模型	桩帽	13 (126, 189, 189)	13 (126, 189, 189)	5
		沉箱	13 (126, 189, 189)		
		方块	13 (126, 189, 189)		
		橡胶护舷	250 (51, 51, 51)		
		系船柱	142 (0, 141, 189)		
		预制面板	33 (189, 157, 126)		
		栅栏板	85 (96, 129, 86)		
	结构加强板	碎石垫层	43 (189, 173, 126)	43 (189, 173, 126)	5
		混凝土垫层	252 (105, 105, 105)		
		轨道垫板	132 (0, 189, 189)		
	结构连接	螺栓螺母	2 (255, 255, 0)	2 (255, 255, 0)	1
		表面截面填充	8 (65, 65, 65)	8 (65, 65, 65)	1

表 3 - 5 颜色方案（给排水、电气专业）

专业	构件实例	模型材质颜色 ID	二维投影颜色 ID	线宽	备　　注
给排水专业	给水系统	3 (0, 255, 0)	3 (0, 255, 0)	15	包含系统中管道、管件、管道附件等
	消防系统	1 (255, 0, 0)	1 (255, 0, 0)	15	包含系统中管道、管件、管道附件等
	中水系统	x (0, 128, 225)	x (0, 128, 225)	15	包含系统中管道、管件、管道附件等
	雨水系统	5 (0, 0, 255)	5 (0, 0, 255)	15	包含系统中管道、管件、检查井等
	污废水系统	(128, 0, 0)	(128, 0, 0)	15	包含系统中管道、管件、检查井等
电气专业	高压管道	3 (0, 255, 0)	3 (0, 255, 0)	15	
	低压管道	3 (0, 255, 0)	3 (0, 255, 0)		

3.9 项 目 交 付 物

　　最终交付成果包括各专业的 BIM 信息模型（rvt，dwg，nwd 及少量 rfa 格式），以及模型的应用，包括碰撞检查报告、工程量表、施工模拟视频、可视化交底视频等。

第 4 章　族

Revit 中的所有图元都需基于族创建。在进行族设计时，可以创建不同类型的参数，便于在设计时使用。软件自带丰富的族库，同时也提供了新建族的功能，可根据实际需要自定义参数化图元，为设计师提供更灵活的解决方案。本章将基于可载入族来讲解族创建的基本方法。

族是组成项目的构件，也是参数信息的载体，在 Revit 中进行的建筑设计不可避免地要调用、修改或者新建族，因此熟练掌握族的创建和使用方法是有效运用 Revit 的关键。在 Revit 中有三种类别的族，分别是系统族、可载入族和内建族。在项目中创建的大多数图元都是系统族或可载入族，非标准图元或自定义图元是使用内建族创建的。

系统族包含创建的基本建筑图元，例如，建筑模型中的墙、楼板、天花板和楼梯的族类型。系统族还包含项目和系统设置，而这些设置会影响项目环境，并且包含如标高、轴网、图纸和视口等图元的类型。系统族已在 Revit 中预定义且内置保存在样板和项目中，不能创建、复制、修改或删除系统族，但可以复制和修改系统族中的类型，以便创建自定义的系统族类型。系统族中可以只保留一个系统族类型，除此以外的其他系统族类型都可以删除，这是因为每个族至少需要一个类型才能创建新系统族类型。

可载入族是在外部 RFA 文件中创建的，并可导入（载入）项目中。可载入族用于创建如窗、门、橱柜、装置家具和植物等构件的族。由于可载入族具有高度可自定义的特征，因此是 Revit 中最经常创建和修改的族。对于包含许多类型的族，可以创建和使用类型目录，以便仅载入项目所需的类型。

内建族是需要创建当前项目专有的独特构件时所创建的独特图元。可以创建内建几何图形，以便它可参照其他项目中的几何图形，使其在所参照的几何图形发生变化时，进行相应的调整。创建内建族时，Revit 将为该内建图元创建一个族，该族包含单个族类型。创建内建族涉及许多与创建可载入族相同的族编辑器工具。Revit 的族主要包含 3 项内容，分别是族类别、族参数和族类型。族类别是以建筑物构件性质来归类的，包括族和类别。例如，门、窗或家具都分别属于不同的类别。族参数定义应用于该族中所有类型的行为或标识数据。不同的类别具有不同的族参数，具体取决于 Revit 以何种方式使用构件。控制族行为的一些常见族参数示例包括"总是垂直""基于工作平面""加载时剪切的空心"和"可将钢筋附着到主体"。"族类型"会在下文中介绍。

4.1　Revit　族　概　述

在 Revit 中，族（Family）是构成项目的基本元素。同一个族能够定义为多种不同的类型，每种类型可以具有不同的尺寸、材质或其他参数变量，通过族编辑器，不需要编程语言，就可以创建参数化构件。这里以将在之后几章中应用的窗为例，如图4-1所示，"窗－方形洞口"的不同参数类型"1500×1200mm""2400×1200mm""3000×1200mm"就是通过复制以后进行参数的修改而创造出来的。基于族样板，族可为图元添加各种参数，如距离、材质、可见性等。

图4-1 同一个族的不同类型

族是制约BIM发展的一大瓶颈，使用时经常需要软件自带的标准构件。在Revit建模时不同应用深度对族的精细程度要求不同，掌握族的创建方法有助于对项目进行精细化设计。

4.1.1 族分类

常见的族主要按使用方式和图元特性两种方式来进行分类。

1. 按使用方式

族按使用方式不同分为系统族、可载入族以及内建族三种类别，族类别及特点见表4-1。

表4-1 族 类 别 及 特 点

族类别	创建方式	传递方式	示 例
系统族	样板自带，不能创建	可在项目间传递	墙族：基本墙、叠层墙、幕墙、楼板、天花板、屋顶
可载入族	基于族样板创建	通过构建库载入	门、窗、柱、基础
内建族	在当前项目中创建	仅限当前项目使用	当前项目特有的异形构件

系统族是在Revit项目样板中定义的族，不同样板的系统族有所不同。例如，建筑样板中墙体的系统族包含基本墙、叠层墙和幕墙三个类别；在建模时可以复制和修改现有系统族，但不能创建新系统族。在编辑系统族时，"载入"功能显示为灰色，不能使用，如图4-2所示，在创建楼板时就已经发现楼板属于系统族，但系统族可通过传递项目标准在不同项目中传递。

可载入族是构件库中的图元，在不同项目样板中包含不同的构件。例如，建筑样板中默认载入了门窗、幕墙竖梃等图元，结构样板中默认载入了钢筋形状图元。建模时，可以通过"载入族"将构件中的可载入族载入项目中使用，在之前章节已经有过介绍；也可以基于族样板（Family Templates）进行创建，然后载入族或项目中使用。

内建族是在特定项目中使用的族，只能通过"构件"工具下拉菜单中的"内建模型"进行创建（图4-3）。但"内建模型"不能在其他项目中进行使用；内建族常用于当前项目特有图元的建模，例如室外台阶、散水、集水坑等。

外建族与内建族的创建方式相似，本章将以外建族的创建方式为例来进行讲解。

2. 按图元特性

族按照图元特性分为模型类、基准类、视图类三个类别。模型类主要是指三维构件族，例如常见的墙、门窗、楼梯、屋顶等；基准类主要是指用于定位的图元，包括轴网、

图 4-2　系统族的载入

标高、参照线等；视图类是指在特定视图使用的一些二维图元，例如文字注释、尺寸标注、详图线、填充图案等。

4.1.2　族定位

在建族时可通过参照平面进行定位，X、Y、Z 三个方向的参照平面可确定族的放置位置。首先，通过公制常规模型样板新建一个族，如图 4-4 所示。

图 4-3　内建族

图 4-4　新建族

样板中已经创建了中心（前/后）、中心（左/右）、与参照标高重合的三个参照平面。接下来，在"创建"选项卡的"基准"面板中选择"参照平面"命令，如图 4-5 所示，在弹出的绘制面板中通过工具绘制四个参照平面，创建完成的参照平面如图 4-6 所示。

图 4-5　新建参照平面

在"创建"选项卡的"形状"面板中单击"拉伸"按钮，创建一个简单的几何形状并单击锁定按钮将形状的边界与参照平面锁定，如图 4-7 所示

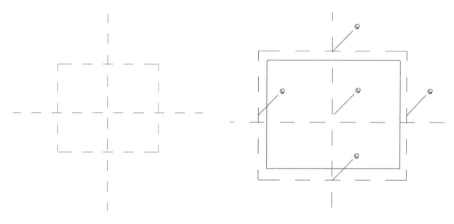

图 4-6　参照平面绘制完成　　　　　　　　图 4-7　创建几何形状

单击"确定"按钮完成几何形状的创建，选中样板中自带的两个参照平面中心（前/后）、中心（左/右），此时可以看到，"属性"栏的"其他"面板中定义原点显示如图 4-8 所示；同样选中新建的四个参照平面，此位置属性显示如图 4-9 所示；表示中心（前/后）与中心（左/右）两个参照平面的相交位置为当前族放置的基点。

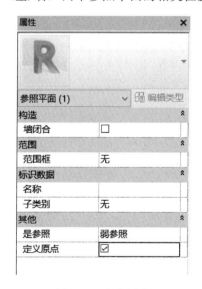

图 4-8　定义原点　　　　　　　　　　图 4-9　非定义原点

图 4-10　载入到项目

在"修改"选项卡的"族编辑器"面板中通过"载入到项目"命令（图 4-10），将族载入项目中，放置族构件时，鼠标光标将位于参照平面的交点。

同样可以将新建的参照平面设置为"定义原点"，放置时的基准点也会发生相应的改变。需要注意的是，平行的若干个参照平面只能有一个平面被定义为原点，指定新的平行面为原点，上一个被定义为原点的参照平面将自动取消原点定义。

4.1.3　族样板

在 Revit 中新建族与新建项目一样，均需基于样板来进行，族样板是创建族的初始状态，选择合适的样板会极大提升创建族的效率，如图 4-11 所示。

图 4-11　族样板

1. 标题栏类

标题栏类族样板主要用于创建图框，包含 A0、A1、A2、A3、A4 五种图幅的图框尺寸，可以基于此类样板创建自定义的图纸图框，如图 4-12 所示。

图 4-12　标题栏类

2. 注释类

注释类族样板主要用于创建平面标注的标签符号图元，例如构件标记、详图符号等，如图4-13所示。

图4-13 注释类

3. 三维构件类

（1）常规三维构件。常规三维构件族样板用于创建相对独立的构件类型，例如公制常规模型、公制家具、公制结构柱等，基于墙的族样板如图4-14所示。

（2）基于主体的三维构件。基于主体的三维构件族样板主要用于创建有约束关系的构件类型。主体包含墙、楼板、天花板等，例如公制门、公制窗均是基于墙进行创建。

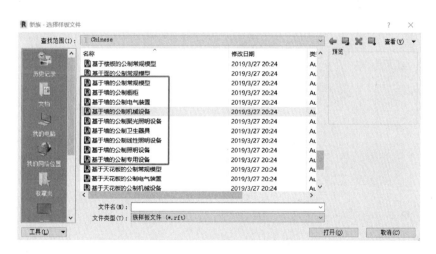

图4-14 基于墙的族样板

4. 特殊构件类

（1）自适应构件。自适应族样板提供了一个更自由的建模方式，创建的图元可根据附着的主体不同生成不同的实例，例如不规则的幕墙嵌板可采用自适应构件进行创建。

（2）RPC 族。RPC 族样板可将二维平面图元与渲染的图片结合，生成虚拟的三维模型，模型形式状态与视图的显示状态有关，如图 4 - 15 和图 4 - 16 所示。

图 4 - 15　着色模式　　　　　　　　图 4 - 16　真实模式

4.2　族　创　建　工　具

Revit 提供五种创建实心、空心形状的方式，分别为拉伸、融合、旋转、放样、放样融合，如图 4 - 17 所示。配合这五种基本工具可创建出复杂的族类型，本节主要介绍这五种工具创建模型的基本原理。

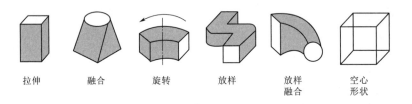

图 4 - 17　族创建的基本工具

4.2.1　拉伸

拉伸可以基于平面内的闭合轮廓沿垂直于该平面方向创建几何形状，确定几何形状的要素包括拉伸起点、拉伸终点、拉伸轮廓、基准平面。切换至"参照标高"平面，在"创建"选项卡的"形状"面板中单击"拉伸"按钮，在"修改｜创建拉伸"选项卡中选择适当的工具绘制轮廓，如图 4 - 18 所示，本次示例为创建"六角螺丝"。

在"属性"栏中设置拉伸起点为"0.0"、拉伸终点为"800.0"，如图 4 - 19 所示，单击"模式"面板中的"确定"按钮完成拉伸，切换至三维视图中查看模型，如图 4 - 20 所示。

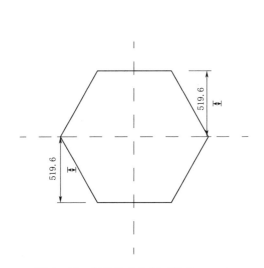

图 4 - 18 创建拉伸轮廓（单位：mm）

图 4 - 19 设置拉伸端点

4.2.2 融合

融合是在两个平行的平面分别创建不同的封闭轮廓形成三维模型，融合的要素包括平行且不在同一平面的两个封闭轮廓。

同样，切换至"参照标高"，在"创建"选项卡的"形状"面板中单击"融合"按钮，"修改｜创建融合底部边界"选项卡如图 4 - 21 所示，本次示例为创建"异形圆方台"，选择"多边形工具"按钮，绘制底部轮廓，此时可以看到完成按钮显示为灰色，单击"编辑顶部"按钮，选择"椭圆"按钮，绘制顶部轮廓，如图 4 - 22 所示。

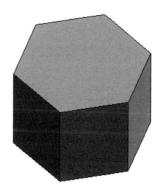

图 4 - 20 完成拉伸

图 4 - 21 编辑顶部与编辑底部

接下来，在"属性"栏修改第二端点（即顶部轮廓）为"800.0"，第一端点（即底部轮廓）为"0.0"，单击"完成"按钮确定，生成三维模型，切换至三维视图查看，如图 4 - 23 所示。

31

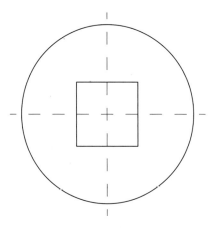
图 4-22　创建融合轮廓

图 4-23　完成融合

4.2.3　放样

放样是通过闭合的平面轮廓按照连续的放样路径生成三维模型的建模方式。切换至"参照标高"，在"创建"选项卡"形状"面板中单击"放样"按钮，在"修改│创建放样"选项卡中提供了两种路径创建方式，即绘制路径和拾取路径，并且为灰色，无法编辑。如图 4-24 所示，绘制路径主要用于创建二维路径，拾取路径可基于已有图元创建三维路径。本次示例为创建"曲线管道"。

图 4-24　放样路径

选择绘制路径，在"修改│放样"→"绘制路径"选项卡中单击按钮绘制样条曲线，绘制完成后单击"确定"按钮，完成路径创建；此时"编辑轮廓"为高亮显示，单击"编辑轮廓"按钮弹出"转到视图"对话框，选择"三维视图"，单击"打开视图"按钮，如图 4-25 所示选择合适的视图。

基于放样中心点绘制放样轮廓，如图 4-26 所示，单击"确定"按钮完成轮廓绘制，再次单击"确定"按钮完成放样形状，如图 4-27 所示。

需要注意的是，在放样时，轮廓与路径必须满足一定的几何约束条件，否则会弹出不能忽略的错误报告，无法生成几何形状。

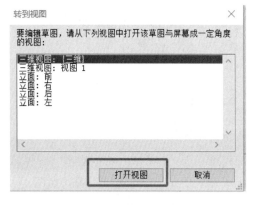
图 4-25　转到视图

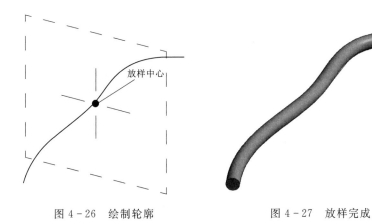

图 4-26 绘制轮廓 　　　　　　　图 4-27 放样完成

4.2.4 放样融合

　　顾名思义,放样融合结合了放样与融合的特点,可以将两个不在同一平面的形状按照指定的路径生成三维模型。本次示例为创建"方圆渐变管"。

　　在"创建"选项卡的"形状"面板中单击"放样"按钮,在"修改|放样融合"选项卡中可以看到"绘制路径","选择轮廓 1""选择轮廓 2"等选项。如图 4-28 所示,依次创建路径、起点轮廓、终点轮廓,单击"确定"按钮完成放样融合,完成后如图 4-29 所示。

图 4-28 创建放样融合

4.2.5 旋转

　　旋转工具可使闭合轮廓绕旋转轴旋转一定角度生成三维模型。旋转的要素主要为旋转轴线和边界线,如图 4-30 所示。本次示例为创建"圆台"。

　　在"修改|创建旋转"选项卡中有绘制边界线及绘制轴线的工具,绘制完成后,在"属性"栏中设置旋转角度为 300°,单击按钮完成旋转,如图 4-31 所示。为体现旋转角度的作用,实际为不完整的"圆台"。

图 4-29 完成放样融合

4.2.6 空心形状

1. 创建空心形状

　　除了创建实心形状,Revit 还提供了空心拉伸、空心融合、空心旋转、空心放样和空心放样融合五种空心形状的创建工具(图 4-32),创建方法与实心类似。

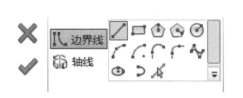

图 4-30　旋转轴线与边界线　　　　图 4-31　创建旋转

2. 实心形状转换

除了直接创建空心形状，也可以先创建实心形状，然后转变为空心形状，最后对实心模型进行剪切。首先创建实心模型，在"属性"栏的"标识数据"中将"实心/空心"修改为"空心"，实心模型就可以转变为空心模型，如图 4-33 所示。

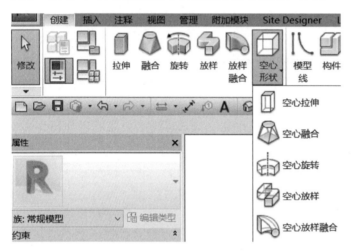

图 4-32　空心形状创建工具　　　　图 4-33　实心模型转化为空心模型

这时转换后的空心并没有剪切实心模型，如图 4-34 所示，需要通过"剪切"工具来修改，在"修改"选项卡的"几何图形"面板中单击"剪切"按钮，依次单击"实心模型"和"空心形状"，即可完成对实心模型的剪切，如图 4-35 所示。

图 4-34　剪切前　　　　　　　图 4-35　剪切后

4.3 族 参 数

4.3.1 几何参数

几何参数主要用于控制构件的几何尺寸，一般包含长度、半径、角度等。几何参数可通过尺寸标签添加或通过函数公式计算。

首先基于公制常规模型新建一个族，添加如图 4-36 所示的参照平面，并通过"注释"选项卡中的尺寸标注工具进行标注。然后在"创建"选项卡的"形状"面板中选择"拉伸"命令，创建如图 4-37 所示的拉伸轮廓，并将拉伸轮廓，并使用对齐工具与参照平面对齐并锁定。

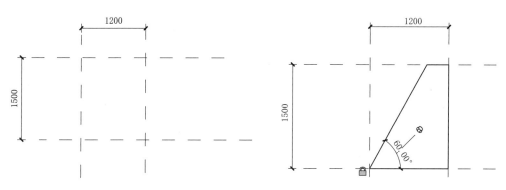

图 4-36 标注参照平面（单位：mm）　　图 4-37 锁定拉伸轮廓（单位：mm）

在"属性"栏的"约束"面板中单击"拉伸终点"后方的"关联族参数"按钮，如图 4-38 所示，进入"关联族参数"对话框，单击蓝色矩形方块按钮新建一个族参数，如图 4-39 所示。

在弹出的"参数属性"对话框设置参数名称为"高度"，分组方式为"尺寸标注"，参数形式为"类型"，单击"确定"按钮完成高度参数的添加，如图 4-40 所示。单击"确定"按钮完成简单的拉伸模型。

图 4-38 关联拉伸终点参数

此时在"属性"面板中单击"族类型"按钮，在弹出的"族类型"窗口中可以看到高度参数为"250.0"，将"值"修改为"500.0"，如图 4-41 所示。单击"确定"按钮完成高度参数的修改，模型尺寸也相应会发生变化。

除了通过"关联族参数"按钮添加参数以外，还可以通过添加标签来新增参数。首先选择新建好的尺寸标注，在"修改｜尺寸标注"选项卡的"标签尺寸标注"面板中单击蓝色圆框按钮"新建尺寸参数"进行尺寸参数的新建，如图 4-42 所示。

重复此步骤，分别添加角度、长度、宽度参数，添加完成后切换至族类型中查看，如图 4-43 所示。

图 4-39　新建族参数

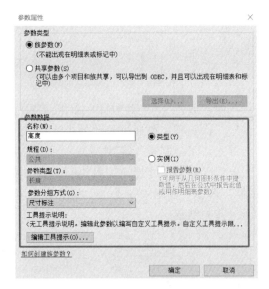

图 4-40　添加高度参数

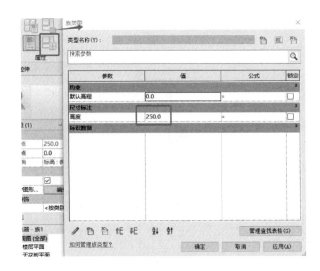

图 4-41　高度参数

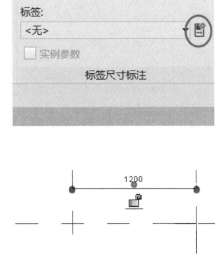

图 4-42　新建尺寸参数

公式列修改长度值为"＝宽度＋200mm"即可将长度与宽度进行关联，如图 4-44 所示，调整参数值，模型也会发生相应的改变。

4.3.2　材质参数

添加材质参数后，可对族赋予不同的材质。材质参数的添加方式与尺寸参数添加方式相同，首先选择需要添加材质的几何模型，在"属性"栏的"材质和装饰"选项后单击"关联族参数"按钮，单击蓝色方块按钮，新建材质参数，如图 4-45 所示。

图 4-43 尺寸添加完成

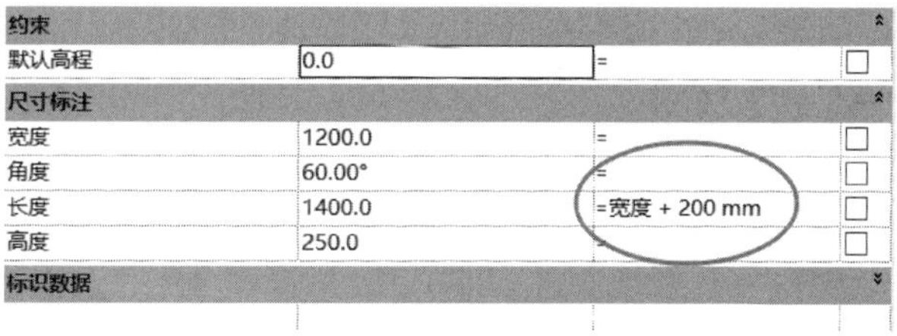

图 4-44 调整参数

设置材质名称为"材质梯形",参数类型为"材质",参数分组方式为"材质和装饰",如图 4-46 所示。单击"确定"按钮完成材质参数的添加。

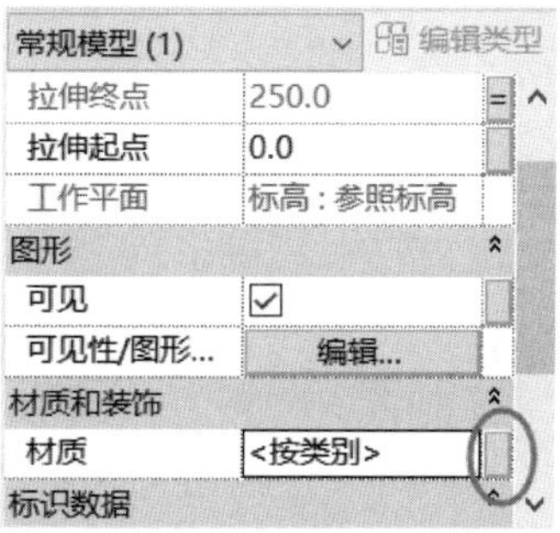

图 4-45 关联材质参数　　　　　　图 4-46 参数属性

在"族类型"的"材质和装饰"选项栏中单击按钮，修改材质为"土层"单击"确定"按钮完成材质添加，如图 4-47 所示。

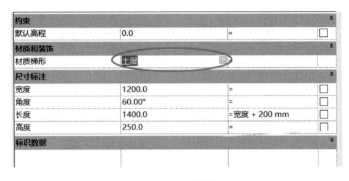

约束			⊗
默认高程	0.0	=	☐
材质和装饰			⊗
材质梯形	土层	...	
尺寸标注			⊗
宽度	1200.0	=	☐
角度	60.00°	=	☐
长度	1400.0	=宽度 + 200 mm	☐
高度	250.0	=	☐
标识数据			⊗

图 4-47　关联材质

第5章 码头项目族库

第4章主要介绍了六种族创建工具以及族参数。在 Revit 中，族参数和参数化族通常指的是 BIM 中的概念。在这个背景下，族参数是指用来控制建筑元素族（Family）的特性和行为的参数，而参数化族则是指通过这些参数控制的建筑元素族。

具体来说，Revit 中的族参数可以用来控制建筑元素的尺寸、形状、材质、可见性等方面。通过对这些参数进行调整，可以实现对建筑元素族的定制和变化，从而满足不同设计需求或者模拟不同的场景。

举例来说，对于一个家具的建筑元素族，可以通过族参数来调整其长度、宽度、高度等尺寸参数，也可以通过材质参数来改变其外观。这样，设计师在使用这些建筑元素族时可以根据具体场景和需求进行灵活调整，而无须每次都重新创建新的家具元素。

总的来说，Revit 中的族参数对参数化族的意义在于提供了一种灵活、高效的方式来管理和使用建筑信息模型中的元素，使得设计和建模过程更加便捷和可控。

5.1 参数化的意义

Revit 参数化族在企业建立 BIM 族库中具有重要意义。通过创建参数化族，可以实现在项目中快速灵活地调整构件的尺寸、形状和属性，从而提高工作效率和准确性。企业建立 BIM 族库有助于标准化和统一建模规范，提升项目质量和效率。

在 BIM 族库中，参数化族可以根据项目需求和标准化要求进行定制化设计，使得构件在不同项目中能够重复使用，并且保持一致性。这有助于减少重复劳动，提高设计一致性和准确性，同时也有利于知识积累和分享。

通过建立完善的 BIM 族库，企业可以实现构件的标准化设计和管理，提高建模效率和质量，降低错误率，并且为企业的数字化转型和信息化管理奠定基础。因此，Revit 参数化族在企业建立 BIM 族库中扮演着至关重要的角色。

港口水工建筑物是指在港口或码头周围用于保护船舶和码头设施免受海浪、潮流和风浪侵蚀的各种水工建筑物。这些建筑物包括防波堤、护岸、码头、浮船坞等。港口水工建筑物的设计和建造需要考虑到海洋环境、波浪力学、结构工程等多个方面的因素。在电脑任意位置新建一个文件夹，命名为"某原油码头的 BIM 建模"，打开此文件夹，在内部再新建一个文件夹，命名为"码头项目族库"，如图 5-1 所示。本节将通过介绍并创建本项目所需要的桩、梁、桩帽、墩台、钢便桥等族，并配合一定的参数化操作来介绍港口水工建筑物族的创建及快速建模过程。

码头项目族库

图 5-1 码头项目
族库

5.2 钢管桩与大管桩

建立模型前，先根据本项目中的所有工程图纸查阅所需建立模型的尺寸、定位、属性等信息，保证模型创建的正确性。根据先地下后地上的施工顺序，查阅得到本项目所需的五种桩的类型，接下来进行建模及参数化。本节桩的建模依据均来自"钢管桩和大管桩结构图"，在"码头项目族库"内新建一个文件夹，命名为"钢管桩和大管桩"，如图 5-2 所示。

钢管桩和大
管桩

图 5-2 "钢管桩和
大管桩"文件夹

5.2.1 φ1000 钢管桩

首个参数化族的创建，对于其所属的同类别族建模具有重要意义。以φ1000 钢管桩为例，参数化的钢管桩创建完成后，对于φ1400 钢管桩和φ1600 钢管桩模型的创建，只需要修改有关参数即可。

根据"工作平台断面图"与"码头平立面图"，φ1000 钢管桩属于工作平台的桩族，并将在后期创建工作平台模型时使用。

1. 新建柱族

选择族样板：单击应用程序菜单，选择"新建"，然后选择"族"，最后选择"公制结构柱.rft"族样板，单击"打开"，如图 5-3 所示。

图 5-3 新建柱族

2. 创建准备

（1）切换至"低于参照标高"平面视图，如图 5-4 所示，选中除中心轴线以外的参照平面，选择删除，如图 5-5 所示。切换至"前"立面视图，如图 5-6 所示，修改"高于参照标高-4000"，修改 4000 为 13000，并将垂直轴线延长至修改完成的"高于参照标高-13000"，如图 5-7 所示。

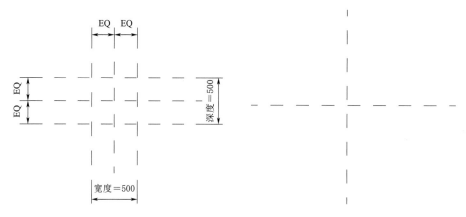

图 5-4 "低于参照标高"平面视图（单位：mm）   图 5-5 删除多余参照平面

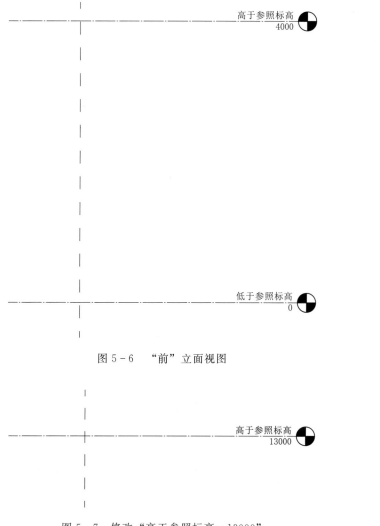

图 5-6 "前"立面视图

图 5-7 修改"高于参照标高-13000"

（2）根据"钢管桩和大管桩结构图"中的"Φ1000 钢管桩结构图"，建立模型前，先根据本结构图展示的模型的尺寸、定位、属性等信息，保证模型创建的正确性。本次建模过程中，不考虑防腐涂层的距离，即不考虑图纸中 L1～L4；仅考虑不同的壁厚，即 La 与 Lb。根据不同的壁厚，需要创建一个"参照平面"用于创建不同壁厚的管段。

在"创建"选项卡的"基准"面板中单击"参照平面"按钮，在"修改│放置 参照平面"选项卡中选择适当的工具绘制参照平面，如图 5-8 所示。

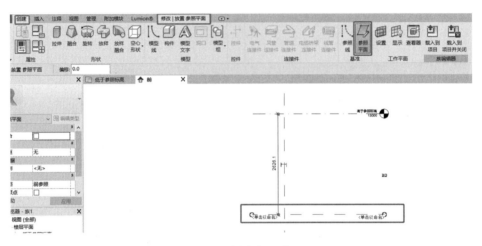

图 5-8　创建参照平面

在"注释"选项卡的"尺寸标注"面板中单击"对齐"按钮，在"修改│放置尺寸标注"选项卡中注释新参照平面与"高于参照标高−13000"，如图 5-9 所示。

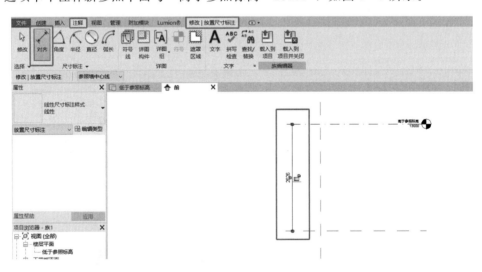

图 5-9　注释参照平面

（3）选中刚刚注释的尺寸标注，进入"修改│尺寸标注"选项卡，在正上方"标签尺寸标注"右侧，单击"创建参数"，进入"参数属性"对话框，在"名称"一栏，输入"上半段—La"，点击"确定"完成参数设置，如图 5-10 所示，参数成果如图 5-11 所示。

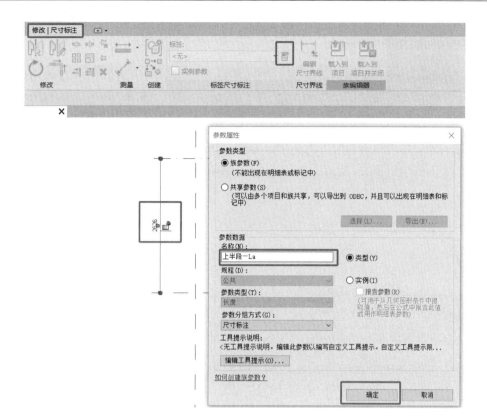

图 5-10　设置参数化

3. 创建上半段桩体

（1）切换至"低于参照标高"平面视图，在"创建"选项卡的"形状"面板中单击"拉伸"按钮，在"修改│创建拉伸"选项卡中选择适当的工具绘制轮廓，如图 5-12 所示。通过实心拉伸，创建"上半段—La"形状，如图 5-13 所示。在"低于参照标高"平面视图绘制以下轮廓，并进行注释，如图 5-14 所示。

（2）选中刚刚注释的尺寸标注，进入"修改│尺寸标注"选项卡，在正上方"标签尺寸标注"右侧，单击"创建参数"，进入"参数属性"对话框，在"名称"一栏，输入"内径"，点击"确定"完成参数设置，如图 5-15 所示，同理完成"外径"的参数设置。可在左上角"族类型"中查看已经参数化的参数，可以发现目前已有三个参数成功设置，如图 5-16 所示。为避免和后期其他内外

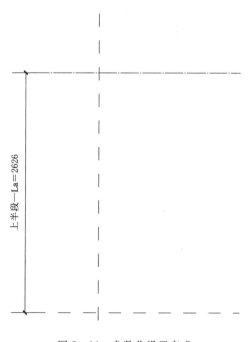

图 5-11　参数化设置完成

43

径混淆，如图 5-17 所示在这里将内径与外径分别修改为"上半段—内径"和"上半段—外径"，结果如图 5-18 所示。

图 5-12　"修改｜创建拉伸"选项卡

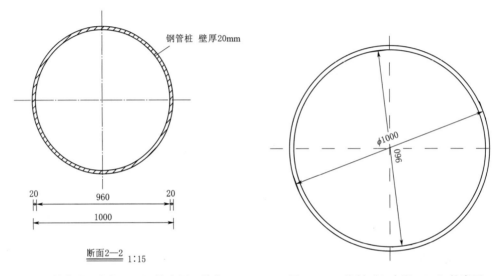

图 5-13　创建"上半段—La"轮廓图（单位：mm）　　图 5-14　绘制"上半段—La"轮廓图

图 5-15　设置"内径"参数化

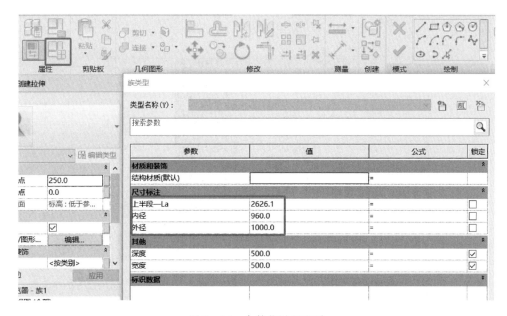

图 5-16 参数化设置查看

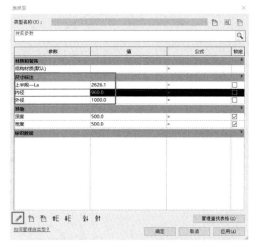

图 5-17 参数化名称修改

图 5-18 上半段参数化名称修改完成

（3）切换至"前"立面视图，通过实心拉伸，创建"上半段—La"模型，拖动模型最上方三角，拖至"高于参照标高－13000"并锁定，如图 5-19 所示，同时拖动模型最下方至新建立的参照标高并锁定，如图 5-20 所示。

4. 创建下半段桩体

（1）切换至"低于参照标高"平面视图，在"创建"选项卡的"形状"面板中单击"拉伸"按钮，在"修改│创建拉伸"选项卡中选择适当的工具绘制轮廓，如图 5-12 所示。通过实心拉伸，创建"下半段—Lb"形状，如图 5-21 所示。在"低于参照标高"平面视图绘制以下轮廓，并进行注释，如图 5-22 所示。

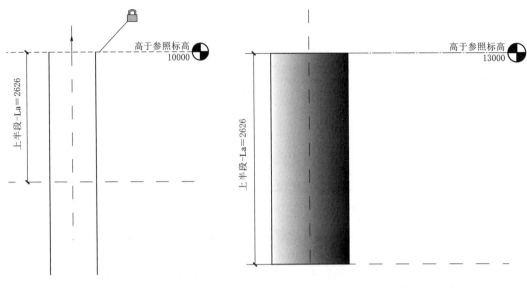

图 5-19　上端移动至 13000 标高处　　　　图 5-20　上半段参数化定位成功

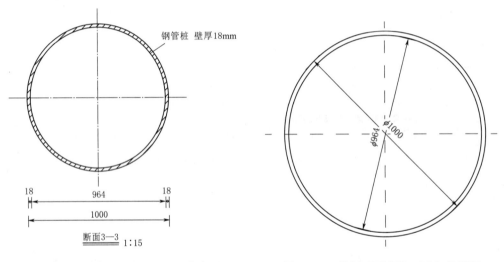

图 5-21　创建"下半段—Lb"轮廓图　　　　图 5-22　绘制"下半段—Lb"轮廓图
（单位：mm）　　　　　　　　　　　　　（单位：mm）

（2）选中刚刚注释的尺寸标注，进入"修改｜尺寸标注"选项卡，在正下方"标签尺寸标注"右侧，单击"创建参数"，进入"参数属性"对话框，在"名称"一栏，输入"下半段—内径"，点击"确定"完成参数设置，如图 5-23 所示，同理完成"下半段—外径"的参数设置。可在左上角"族类型"中查看已经参数化的参数，可以发现目前已成功设置三个参数，如图 5-24 所示。

（3）切换至"前"立面视图，通过实心拉伸，创建"下半段—Lb"模型，拖动模型最上方三角，拖至新建立的参照标高并锁定，如图 5-25 所示。同时拖动模型最下方至"低于参照标高"并锁定，如图 5-26 所示。

图 5-23 设置"下半段—内径"参数化　　　　图 5-24 参数化设置查看

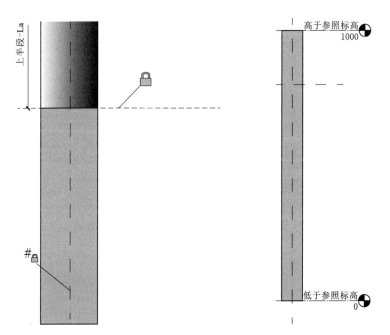

图 5-25 下端移动至 13000 标高处　　图 5-26 整段参数化定位成功

（4）族类型及族参数调整。单击"族类型"打开"族类型"对话框，选择右上方"新建类型"，在"名称"后输入"1000 直径钢管桩"，如图 5-27 所示。

已建参数调整：图 5-24 所示上、下半段外径均为 1000，属于参数重复，需要删去其中一个，并将另一个重命名为"外径"，然后删除的一项重新注释并与"外径"关联。使用如图 5-28 所示的"删除"工具，删除"上半段—外径"，重命名"下半段—外径"为"外径"，并将"外径"上移至第一行，结果如图 5-29 所示。

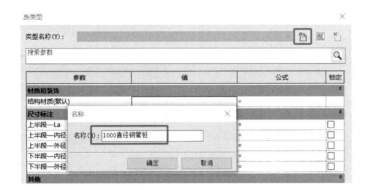

图 5-27 新建类型名称

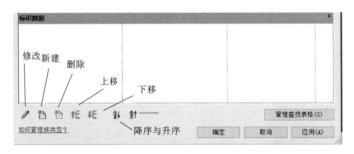

图 5-28 族参数修改工具

图 5-29 已有参数调整

新建参数：根据"钢管桩和大管桩结构图"中的"Φ1000钢管桩结构图"所提及的不同的壁厚即La与Lb，分别新建参数并命名为"上半段—壁厚La""下半段—壁厚Lb"，结果如图5-30所示。

参数公式设置：根据"钢管桩和大管桩结构图"中的"Φ1000钢管桩结构图"，"上半段—壁厚La"长度为20.0，"下半段—壁厚Lb"长度为18.0，在"上半段—内径"与"下半段—内径"的"公式"一栏中分别输入"外径-2*上半段—壁厚La""外径-2*下半段—壁厚Lb"，如图5-31所示，通过公式计算，锁定上下段的内径，进入左上角"保存"，命名为"钢管桩—变壁厚—V1（无加强板）"。

图5-30 壁厚参数创建　　　　　图5-31 壁厚参数公式创建

5. 创建并载入钢管桩零件——加强板

根据"钢管桩和大管桩结构图"中的"Φ1000钢管桩结构图"，在桩顶和桩底都有加强板，首先通过新建"公制常规模型"创建加强板，然后载入刚刚创建的柱族，以嵌套方式完成Φ1000钢管桩的模型创建。

（1）新建族。选择族样板，单击应用程序菜单，选择"新建"，然后选择"族"，最后选择"公制常规模型.rft"族样板，单击打开，如图5-32所示。

图5-32 新建族

49

（2）创建基本形状。

1）切换至"楼层平面"平面视图，在"基准"选项卡下，选择"参照线"，进入"修改｜参照线"界面，绘制如图 5-33 所示的参照线，绘制半径为 500 的 1/4 圆，进行注释，选中刚刚注释的尺寸标注，进入"修改｜尺寸标注"选项卡，在正下方"标签尺寸标注"右侧，单击"创建参数"，进入"参数属性"对话框，在"名称"一栏输入"内半径"，点击"确定"完成参数设置，如图 5-34 所示。

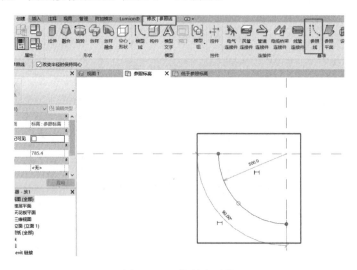

图 5-33 绘制参照线

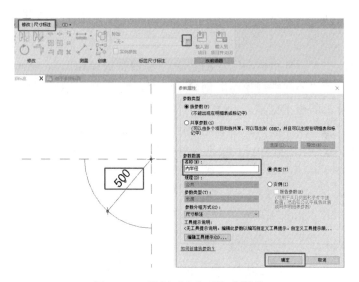

图 5-34 设置"内半径"参数化

2）切换至"楼层平面"平面视图，在"创建"选项卡的"形状"面板中单击"放样"按钮，在"修改｜放样"选项卡中选择适当的工具绘制轮廓，如图 5-35 所示。通过放样，创建加强板形状，如图 5-36 所示。选择"拾取路径"，拾取刚刚绘制的参照线，选择"编辑轮廓"跳出"转到视图"对话框，如图 5-37 所示，选择"三维视图：视图 1"

点击打开视图。在视图 1 界面绘制如图 5-38 所示的轮廓图，并进行注释。

图 5-35 "修改｜放样"选项卡

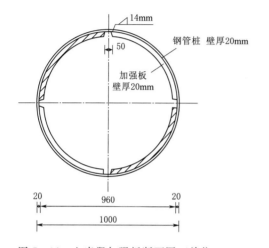

图 5-36 上半段加强板断面图（单位：mm）

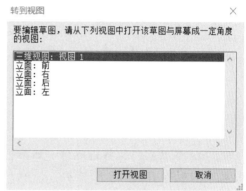

图 5-37 "转到视图"对话框

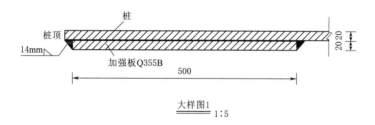

图 5-38 上半段加强板大样图（单位：mm）

3）选中刚刚注释的尺寸标注，进入"修改｜尺寸标注"选项卡，在正下方"标签尺寸标注"右侧，单击"创建参数"，进入"参数属性"对话框，在"名称"一栏输入"长度"，点击"确定"完成参数设置，如图 5-39 所示，同理完成"厚度"的参数设置。同时新建参数"内直径"与"内半径"对应，实际为直径与半径的关系，并在内半径后的"公式"中输出"内直径/2"。可在左上角"族类型"中查看已经参数化的参数，可以发现目前已有四个参数成功设置，如图 5-40 所示，进入左上角"保存"，命名为"钢管桩零件－加强板"。

4）打开"钢管桩－变壁厚－V1（无加强板）"与"钢管桩零件－加强板"，将"钢管桩零件－加强板"载入到"钢管桩－变壁厚－V1"，如图 5-41 所示，需调整位置与相应参数。

图 5-39　设置"长度"参数化

图 5-40　参数化设置查看

5）首先由于"钢管桩和大管桩结构图"中的"Φ1000 钢管桩结构图"，在桩顶和桩底都有加强板，需要将"钢管桩零件—加强板"进行复制并重命名为"上半段加强板"与"下半段加强板"，如图 5-42 所示。

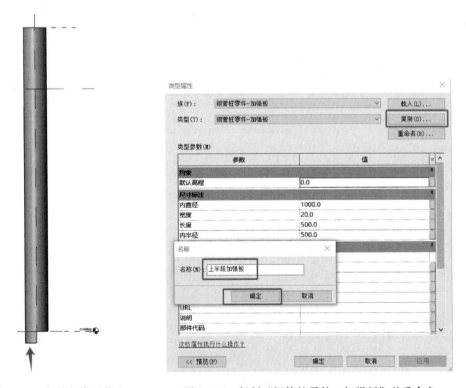

图 5-41　加强板模型载入

图 5-42　复制"钢管桩零件—加强板"并重命名

6）将"钢管桩—变壁厚—V1"中的上半段参数与"上半段加强板"的参数相关联，

"内直径"与"上半段内径"相关联，"宽度"与"上半段—壁厚 La"相关联，"长度"与"加强板—长度"相关联，如图 5-43 所示。将"属性"面板中的"标高"由"低于参照标高"修改为"高于参照标高"，如图 5-44 所示。

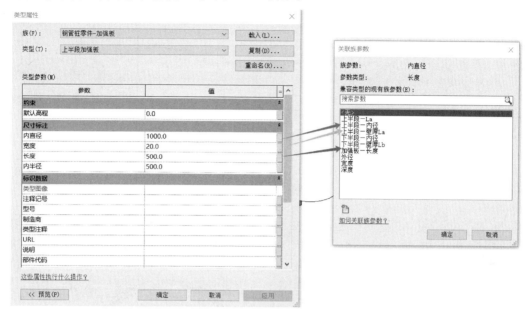

图 5-43　上半段加强板相关参数关联

7）使用"阵列"工具将 1/4 圆的加强板转换成完整的圆形加强板，如图 5-45 所示，点击"阵列"工具，由于是圆，不选择"线性"，选择"半径"，"项目数"改为 4，选择"第二个"，移动旋转中心至圆心，逆时针旋转 90°，按回车键结束旋转，则上半段加强板创建完成如图 5-46 所示。

8）同样的方法完成下半段加强板的创建，如图 5-47 所示。进入左上角"保存"，命名为"钢管桩-变壁厚-V1（加强板）"。

6. 材质参数的生成

为 Φ1000 钢管桩的所有构件材质设置材质参数，如图 5-48 所示。在"属性"面板的"材质和装饰"下按类别后方的小方块，即关联族参数，选择新建参

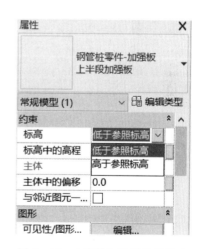

图 5-44　上半段加强板位置修改

数，在"名称"一栏输入"金属材质"。进入左上方组参数，跳出"组类型"对话框，发现刚刚新建的材质参数已经新建成功，点击"按类别"右上角三个点，进入"材质浏览器"，如图 5-49 所示。点击左下方中间"新建"按钮新建材质，并命名为"金属材质"，点击左下方右侧进入"资源浏览器"，在这里选择"薄片锻光—蓝色"，并将其引用至新建材质，在"图形"页面下，勾选"使用渲染外观"，如图 5-50 所示，颜色已为蓝色。

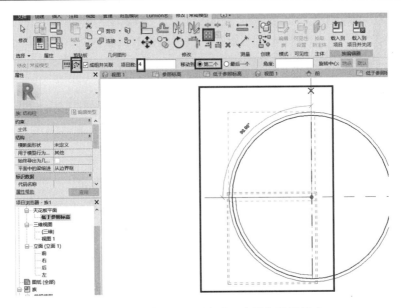

图 5-45 "阵列"工具完成上半段加强板创建

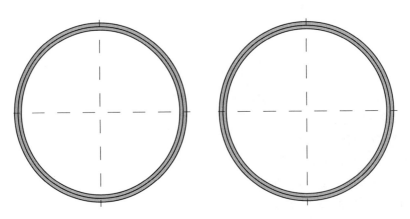

图 5-46 上半段加强板创建完成   图 5-47 下半段加强板创建完成

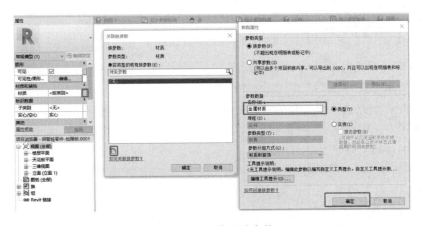

图 5-48 新建材质参数

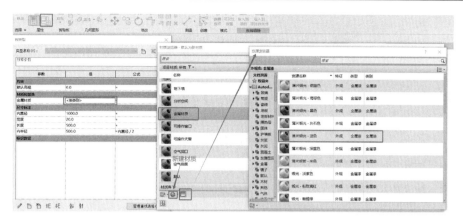

图 5-49 新建材质选择

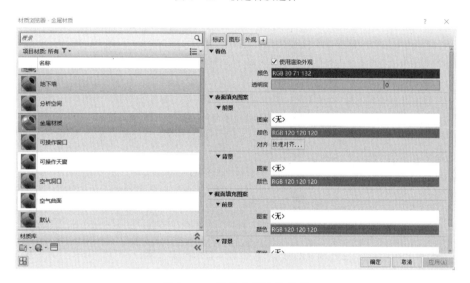

图 5-50 材质使用渲染外观

将"钢管桩—变壁厚—V1"中的材质参数与加强板的
材质参数相关联,如图 5-52 所示。在"属性"面板的
"材质和装饰"下按类别后方的小方块,即关联族参数,选
择"材质参数",进入左上方组参数,跳出"组类型"对话
框,发现刚刚新建的材质参数已经新建成功,点击"按类
别"右上角三个点,进入"材质浏览器",如图 5-53 所示,
这里可以发现刚刚新建加强板的材质,直接选择即可,完成
钢管桩其他部分的材质参数设置。切换"三维视图","详细
程度"改为"精细","视觉样式"改为"着色",钢管桩材
质完成,如图 5-54 所示,进入左上角"保存",命名为
"钢管桩—变壁厚—V1"。复制刚刚生成的"钢管桩—变壁

图 5-51 加强板材质完成

厚—V1"重命名复制生成的文件,命名为"Φ1000 钢管桩",如图 5-55 所示,"Φ1000 钢
管桩"以及组件已保存在"钢管桩和大管桩"文件夹中。

图 5-52　钢管桩材质关联

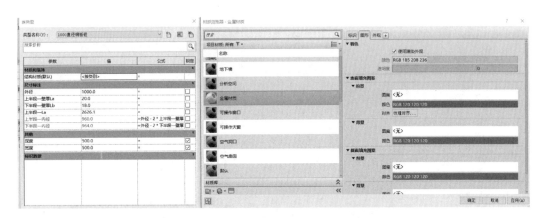

图 5-53　钢管桩部分材质参数完成

名称

R　钢管桩零件-加强板

R　钢管桩-变壁厚-V1（无加强板）

R　钢管桩-变壁厚-V1（加强板）

R　φ1000钢管桩

图 5-54　φ1000 钢管桩创建完成　　图 5-55　φ1000 钢管桩相关族创建完成

5.2.2 φ1400 钢管桩

根据"靠船墩断面图""系缆墩断面图""码头平立面图"，φ1400 钢管桩所属于靠船墩、系缆墩的桩族，并将在后期创建靠船墩、系缆墩模型时使用。

在 5.2.1 节"φ1000 钢管桩"模型的基础上，根据"钢管桩和大管桩结构图"中的"φ1400 钢管桩结构图"，只要修改部分参数即可实现建模。如图 5－56 所示，对比 φ1000 钢管桩的图纸发现壁厚均不变，只改变钢管桩的直径。打开文件"钢管桩—变壁厚—V1"，进入左上角组参数，修改"外径"为 1400，同时需修改类型名称为"1400 直径钢管桩"，如图 5－57 所示。切换"三维视图"，"详细程度"改为"精细"，"视觉样式"改为"着色"，φ1400 钢管桩创建完成，如图 5－58 所示。进入左上角"保存"，命名为"φ1400 钢管桩"。如图 5－59 所示，"φ1400 钢管桩"已保存在"钢管桩和大管桩"文件夹中。

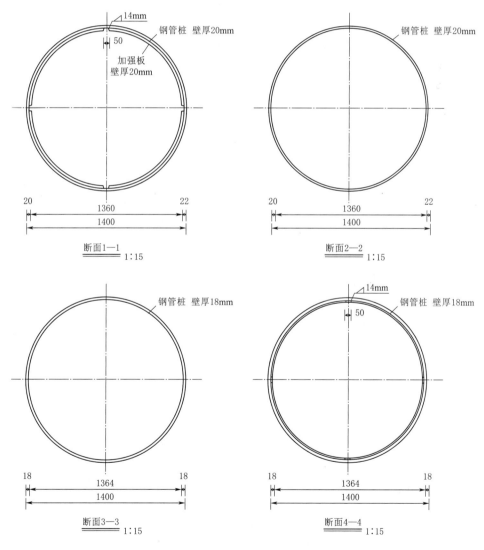

图 5－56 φ1400 钢管桩各断面图（单位：mm）

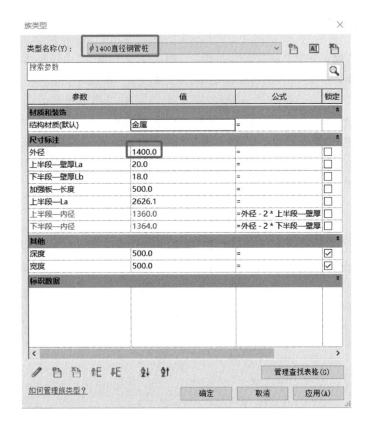

图 5-57　Φ1400 钢管桩参数修改

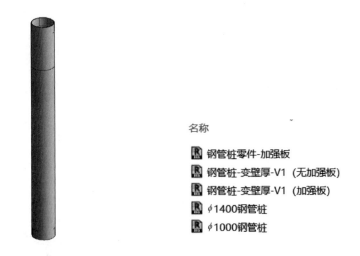

图 5-58　Φ1400 钢管桩创建完成　　　图 5-59　Φ1400 钢管桩保存完成

5.2.3　Φ1600 钢管桩

根据"系缆墩断面图"与"码头平立面图"，Φ1600 钢管桩属于系缆墩的桩族，并将在后期创建系缆墩模型时使用。

在5.2.1节"Φ1000钢管桩"模型的基础上，根据"钢管桩和大管桩结构图"中的"Φ1600钢管桩结构图"，只要修改部分参数即可实现建模。如图5-60所示，对比Φ1000钢管桩的图纸发现壁厚均增加2，还需改变钢管桩的直径。打开文件"钢管桩—变壁厚—V1"，进入左上角组参数，修改"外径"为1600，同时需修改类型名称为"1600直径钢管桩"，如图5-61所示。切换"三维视图"，"详细程度"改为"精细"，"视觉样式"改为"着色"，钢管桩创建完成，如图5-62所示，进入左上角"保存"，命名为"Φ1600钢管桩"。如图5-63所示，"Φ1600钢管桩"已保存在"钢管桩和大管桩"文件夹中。

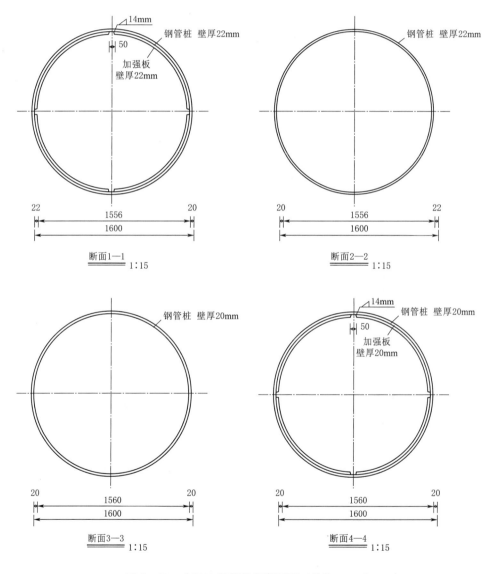

图5-60 Φ1600钢管桩各断面图（单位：mm）

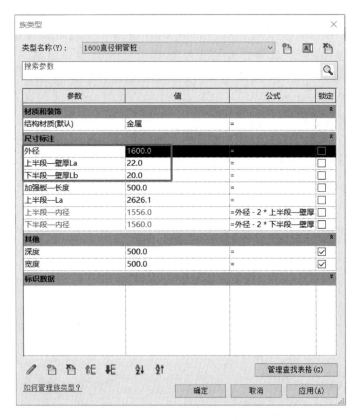

图 5-61　Φ1600 钢管桩参数修改

图 5-62　Φ1600 钢管桩创建完成　　　图 5-63　Φ1600 钢管桩保存完成

5.2.4　Φ1200 预应力混凝土大管桩

根据"引桥断面图""转角平台断面图""综合楼平台断面图"，Φ1200 预应力混凝土大管桩属于引桥、转角平台、综合楼平台的桩族，并将在后期创建引桥、转角平台、综合楼平台模型时使用。

1. 新建柱族

选择族样板，单击应用程序菜单，选择"新建"，然后选择"族"，最后选择"公制结构柱.rft"族样板，单击"打开"，如图5-3所示。

2. 创建准备

切换至"低于参照标高"平面视图，如图5-4所示，选中除中心轴线以外的参照平面，选择"删除"，如图5-5所示。切换至"前"立面视图，如图5-6所示，修改"高于参照标高−4000"，修改4000为13000，并将垂直轴线延长至修改完成的"高于参照标高−13000"，如图5-7所示。

3. 创建大管桩桩体

根据"钢管桩和大管桩结构图"中的"Φ1200预应力混凝土大管桩结构图"，建立模型前，先根据本结构图展示的模型的尺寸、定位、属性等信息，保证模型创建的正确性。Φ1200预应力混凝土大管桩结构较为简单，只有大管桩的桩尖部分比较特殊。

（1）切换至"低于参照标高"平面视图，在"创建"选项卡的"形状"面板中单击"拉伸"按钮，在"修改|创建拉伸"选项卡中选择适当的工具绘制轮廓，如图5-12所示。通过实心拉伸，创建"大管桩桩体"形状，如图5-64所示。在"低于参照标高"平面视图绘制以下轮廓并进行注释，如图5-65所示。

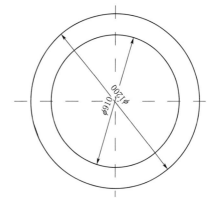

图5-64 桩体纵剖视图（单位：mm）　　　　图5-65 绘制"大管桩桩体"轮廓图

（2）选中刚刚注释的尺寸标注，进入"修改|尺寸标注"选项卡，在正下方"标签尺寸标注"右侧，单击"创建参数"，进入"参数属性"对话框，在"名称"一栏输入"内径"，点击"确定"完成参数设置，如图5-66所示，同理完成"外径"的参数设置。可在左上角"族参数"中查看已经参数化的参数，可以发现目前已有两个参数成功设置，如图5-67所示。为考虑长久以及专业族库，依旧规范化命名以及增加参数"壁厚"，结果如图5-68所示。

（3）通过实心拉伸创建"大管桩桩体"模型，切换至"前"立面视图，拖动模型最上方三角，拖至"高于参照标高−13000"并锁定，如图5-69所示。同时拖动模型最下方至"低于参照标高"并锁定，如图5-70所示。进入左上角"保存"，命名为"大管桩—PHC−V1"。

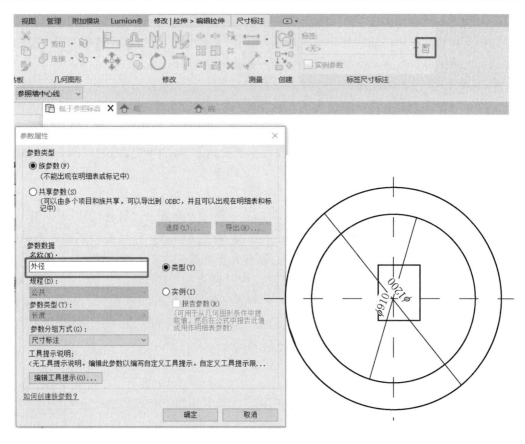

图 5-66 "外径"参数创建

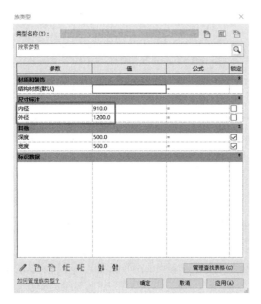

图 5-67 参数化设置查看

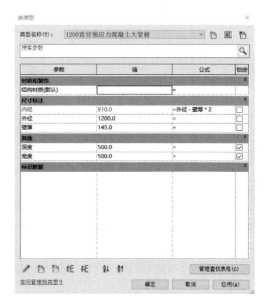

图 5-68 参数化规范化

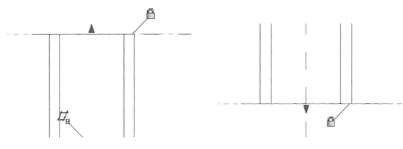

图 5-69 上端移动至 13000 标高处   图 5-70 下端移动至 0 标高处

4. 创建大管桩桩尖部分

根据"钢管桩和大管桩结构图"中的"Φ1200 预应力混凝土大管桩结构图",桩底结构比较特殊,加强板可使用"Φ1000 钢管桩"的加强板修改部分参数,采用新建"公制常规模型"创建肋板和肋板连接件,然后载入刚刚创建的柱族,以嵌套方式完成 Φ1200 预应力混凝土大管桩的模型创建。

(1) 创建肋板。

1) 新建族。选择族样板:单击应用程序菜单,选择"新建",然后选择"族",最后选择"公制常规模型.rft"族样板,单击打开,如图 5-32 所示。

2) 创建肋板轮廓。

a. 切换至"前"立面视图,在"创建"选项卡的"形状"面板中单击"拉伸"按钮,在"修改 | 创建拉伸"选项卡中选择适当的工具绘制轮廓,如图 5-12 所示。通过实心拉伸,创建肋板形状,如图 5-71 所示。在"前"立面视图绘制肋板轮廓,如图 5-72 所示。

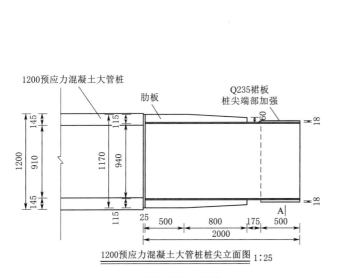

1200预应力混凝土大管桩桩尖立面图 1:25

图 5-71 肋板轮廓图(单位:mm)

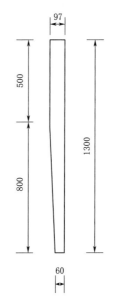

图 5-72 绘制肋板轮廓(单位:mm)

b. 在"属性"面板里设置拉伸终点为"-8.0",拉伸起点为"8.0",如图 5-73 所示。

c. 单击"确定"按钮，完成绘制，打开三维视图，将"详细程度"调整为"精细"，"视觉样式"改为"真实"，结果如图 5-74 所示。保存绘制完成的模型，并命名为"桩尖零件—肋板"。

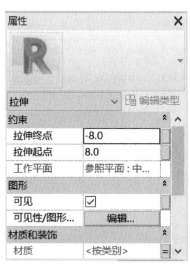
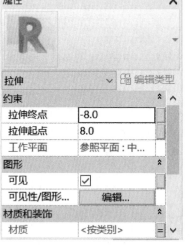

图 5-73 "属性"面板参数设置　　　图 5-74 "桩尖零件—肋板"绘制完成

（2）创建桩尖部分的主体部分。

1）新建族。选择族样板：单击应用程序菜单，选择"新建"，然后选择"族"，最后选择"公制常规模型.rft"族样板，单击打开，如图 5-32 所示。

2）创建桩尖桩体轮廓。

a. 切换至"低于参照标高"平面视图，在"创建"选项卡的"形状"面板中单击"拉伸"按钮，在"修改｜创建拉伸"选项卡中选择适当的工具绘制轮廓，如图 5-12 所示。通过实心拉伸，创建"大管桩桩尖桩体"形状，如图 5-75 所示。在"低于参照标高"平面视图绘制桩尖桩体轮廓，并进行注释，如图 5-76 所示。

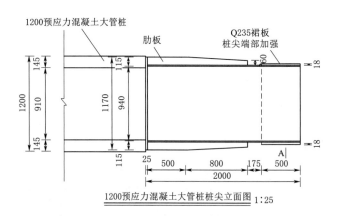
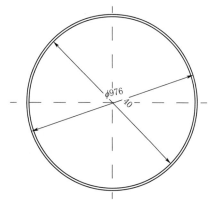

图 5-75 桩尖桩体轮廓图（单位：mm）　　　图 5-76 绘制桩尖桩体轮廓

b. 在"属性"面板里设置拉伸终点为"—25.0",拉伸起点为"—2000.0",如图 5 - 77 所示。

c. 单击"确定"按钮,完成绘制,打开三维视图,将"详细程度"调整为"精细","视觉样式"改为"真实",结果如图 5 - 78 所示。

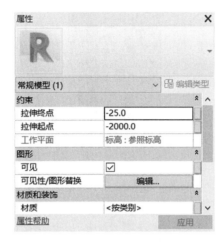

图 5 - 77 "属性"面板参数设置

图 5 - 78 "桩尖桩体"绘制完成

d. 切换至"低于参照标高"平面视图,在"创建"选项卡的"形状"面板中单击"拉伸"按钮,在"修改 | 创建拉伸"选项卡中选择适当的工具绘制轮廓,如图 5 - 12 所示。通过实心拉伸,创建"肋板连接件"形状,如图 5 - 79 所示。在"低于参照标高"平面视图绘制肋板连接件轮廓,并进行注释,如图 5 - 80 所示。

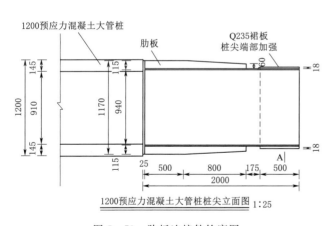

图 5 - 79 肋板连接件轮廓图

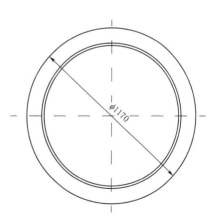

图 5 - 80 绘制肋板连接件轮廓

e. 在"属性"面板里设置拉伸终点为"0.0",拉伸起点为"—25.0",如图 5 - 81 所示。

f. 单击"确定"按钮,完成绘制,打开三维视图,将"详细程度"调整为"精细","视觉样式"改为"真实",结果如图 5 - 82 所示。

图 5-81　"属性"面板参数设置　　图 5-82　"肋板连接件"绘制完成

g. 载入"钢管桩零件－加强板",修改参数满足"Φ1200 预应力混凝土大管桩结构图"的加强板要求,修改完的参数满足图纸要求,如图 5-83 所示。

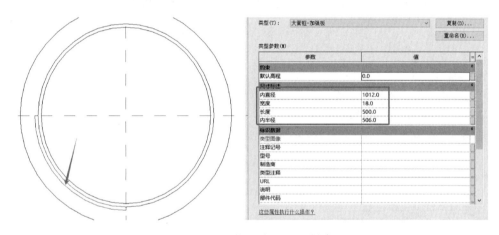

图 5-83　大管桩-加强板的创建

h. 使用"阵列"工具将 1/4 圆的加强板转换成完整的圆形加强板,如图 5-84 所示,点击"阵列"工具,由于是圆,不选择"线性",选择"半径","项目数"改为 4,选择"第二个",移动旋转中心至圆心,逆时针旋转 90°,按回车键结束旋转,则上半段加强板创建完成,如图 5-85 所示。

i. 将"桩尖零件—肋板"导入,并移动至如图 5-86 所示位置,使用"阵列"工具将肋板均匀地布置在"肋板连接件"上,如图 5-87 所示。点击"阵列"工具,由于是圆,不选择"线性",选择"半径","项目数"改为 12,选择"第二个",移动旋转中心至圆心,逆时针旋转 30°,按回车键结束旋转。

j. 进行一定的材质添加。切换"三维视图","详细程度"改为"精细","视觉样式"改为"着色",大管桩桩尖完成,如图 5-88 所示。进入左上角"保存",命名为"PHC桩零件—桩尖结构"。

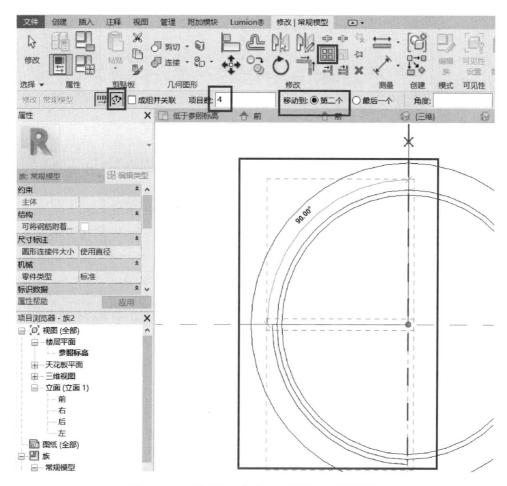

图 5-84 "阵列"工具完成大管桩—加强板创建

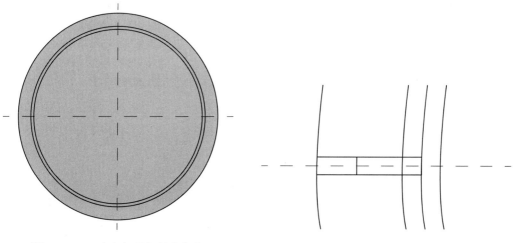

图 5-85 上半段加强板创建完成　　　　图 5-86 1块肋板布置完成

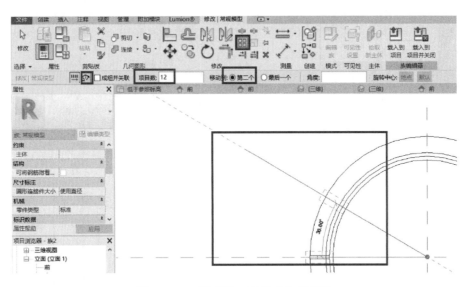

图 5 - 87　"阵列"工具完成肋板创建

k. 将桩尖结构与大管桩桩体拼合，如图 5 - 89 所示。进入左上角"保存"，命名为"Φ1200 预应力混凝土大管桩"。如图 5 - 90 所示，钢管桩和大管桩及组件已保存在"钢管桩与大管桩"文件夹中。

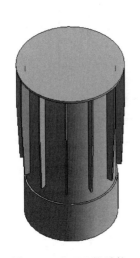

名称

Ⓡ Φ1000钢管桩
Ⓡ Φ1200预应力混凝土大管桩
Ⓡ Φ1400钢管桩
Ⓡ Φ1600钢管桩
Ⓡ PHC桩零件-桩尖结构
Ⓡ 大管桩-PHC-V1
Ⓡ 钢管桩-变壁厚-V1 (加强板)
Ⓡ 钢管桩-变壁厚-V1 (无加强板)
Ⓡ 钢管桩零件-加强板
Ⓡ 桩尖零件-肋板

图 5 - 88　PHC 桩零件-　　　　图 5 - 89　Φ1200 预应力　　　图 5 - 90　钢管桩和大管桩
　　桩尖结构　　　　　　　　　混凝土大管桩创建完成　　　　　组件保存完成

5.3　纵　梁　与　横　梁

建立模型前，先根据本项目中的所有工程图纸查阅所需建立的模型的尺寸、定位、属性等信息，保证模型创建的正确性。根据先地下后地上的施工顺序，查阅得到本项目所需的七种梁的类型，接下来进行建模及参数化。本节梁的建模依据均来自码头各个重要组成部分断面图。在"码头项目族库"内，新建一个文件夹，命名为"纵梁与横梁"，如图 5 - 91 所示。

5.3.1　预制纵梁—600×1500

根据"工作平台断面图"与"工作平台梁板布置图"，本小节的预制纵梁尺寸为 600mm×1500mm，本预制纵梁属于工作平台的梁族，并将在后期创建工作平台模型时使用。

1. 新建梁族

选择族样板：单击应用程序菜单，选择"新建"，然后选择"族"，最后选择"公制结构框架—梁和支撑 .rft"族样板，单击"打开"，如图 5 - 92 所示。

纵梁与横梁

图 5 - 91　纵梁与横梁

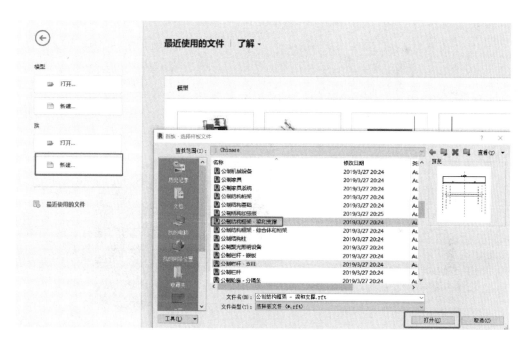

图 5 - 92　新建梁族

2. 创建基本形状

（1）切换至"右"立面视图，选中梁体进入"修改｜编辑拉伸"，如图 5 - 12 所示。通过修改参照平面，创建预制纵梁—600×1500 形状，如图 5 - 93 所示。在"右"立面视图创建该预制纵梁轮廓，如图 5 - 94 所示。

（2）在"属性"面板里设置拉伸终点为"1250.0"，拉伸起点为"—1250.0"，如图 5 - 95 所示。

（3）单击"确定"按钮，完成绘制，打开三维视图，将"详细程度"调整为"精细"，"视觉样式"改为"真实"，结果如图 5 - 96 所示。保存绘制完成的模型，并命名为"预制纵梁—600×1500"。

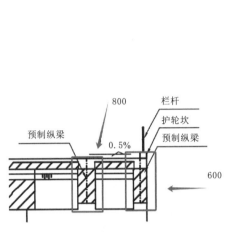

图 5-93 预制纵梁—600×1500 轮廓图
（单位：mm）

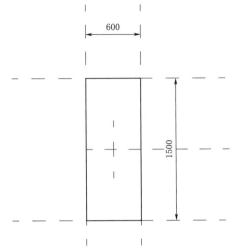

图 5-94 绘制预制纵梁—600×1500 轮廓

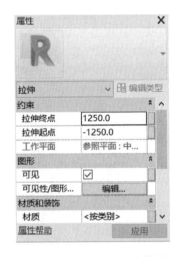

图 5-95 "属性"面板参数设置

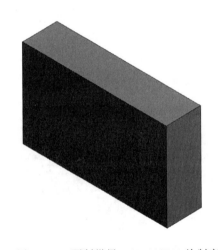

图 5-96 预制纵梁—600×1500 绘制完成

5.3.2 预制纵梁—800×1500

根据"工作平台断面图"与"工作平台梁板布置图"，本小节的预制纵梁尺寸为 800mm×1500mm，本预制纵梁属于工作平台的梁族，并将在后期创建工作平台模型时使用。

1. 新建梁族

选择族样板：单击应用程序菜单，选择"新建"，然后选择"族"，最后选择"公制结构框架—梁和支撑.rft"族样板，单击"打开"，如图 5-92 所示。

2. 创建基本形状

（1）切换至"右"立面视图，选中梁体进入"修改 | 编辑拉伸"选项卡，如图 5-12

所示。通过修改参照平面，创建预制纵梁—800×1500形状，如图5-97所示。在"右"立面视图创建该预制梁轮廓，如图5-98所示。

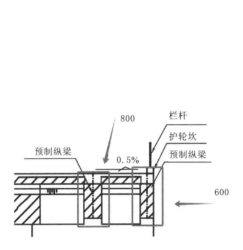

图 5-97 预制纵梁—800×1500 轮廓图   图 5-98 绘制预制纵梁—800×1500 轮廓

（2）在"属性"面板里设置拉伸终点为"1250.0"，拉伸起点为"－1250.0"，如图5-99所示。

（3）单击"确定"按钮，完成绘制，打开三维视图，将"详细程度"调整为"精细"，"视觉样式"改为"真实"，结果如图5-100所示。保存绘制完成的模型，并命名为"预制纵梁—800×1500"。

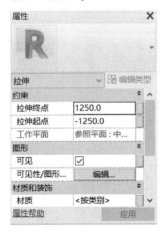

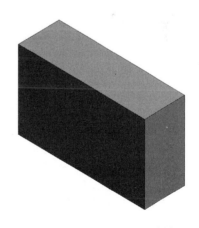

图 5-99 "属性"面板参数设置   图 5-100 预制纵梁—800×1500 绘制完成

5.3.3 现浇纵梁—2000×1750

根据"工作平台断面图"与"工作平台梁板布置图"，本小节的现浇纵梁尺寸为2000mm×1750mm，本现浇纵梁属于工作平台的梁族，并将在后期创建工作平台模型时使用。

71

1．新建梁族

选择族样板：单击应用程序菜单，选择"新建"，然后选择"族"，最后选择"公制结构框架—梁和支撑．rft"族样板，单击"打开"，如图 5-92 所示。

2．创建基本形状

（1）切换至"左"立面视图，在"创建"选项卡的"形状"面板中单击"拉伸"按钮，在"修改｜创建拉伸"选项卡中选择适当的工具绘制轮廓，如图 5-12 所示。通过实心拉伸，创建现浇纵梁—2000mm×1750mm 的形状，如图 5-101 所示。在"左"立面视图绘制该现浇纵梁轮廓，如图 5-102 所示。

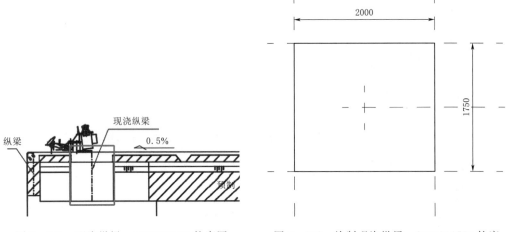

图 5-101　现浇纵梁—2000×1750 轮廓图　　　图 5-102　绘制现浇纵梁—2000×1750 轮廓

（2）在"属性"面板里设置拉伸终点为"1250.0"，拉伸起点为"-1250.0"，修改材质为"混凝土"，如图 5-103 所示。

（3）单击"确定"按钮，完成绘制，打开三维视图，将"详细程度"调整为"精细"，"视觉样式"改为"真实"，结果如图 5-104 所示。保存绘制完成的模型，并命名为"现浇纵梁-2000×1750"。

 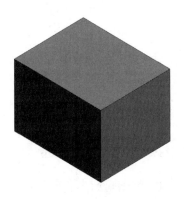

图 5-103　"属性"面板参数设置　　　图 5-104　现浇纵梁—2000×1750 绘制完成

5.3.4 异型纵梁—3680×4000

根据"引桥立面图",本小节的异型纵梁尺寸为 3680mm×4000mm,本异型纵梁属于引桥的梁族,并将在后期创建引桥模型时使用。

1. 新建梁族

选择族样板:单击应用程序菜单,选择"新建",然后选择"族",最后选择"公制常规模型.rft"族样板,单击"打开",如图 5-92 所示。

2. 创建基本形状

(1)切换至"左"立面视图,在"创建"选项卡的"形状"面板中单击"拉伸"按钮,在"修改│创建拉伸"选项卡中选择适当的工具绘制轮廓,如图 5-12 所示。通过实心拉伸,创建异型纵梁—3680×4000 形状,如图 5-105 所示。在"左"立面视图绘制该异型纵梁轮廓,如图 5-106 所示。

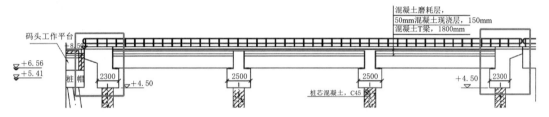

图 5-105 异型纵梁—3680×4000 轮廓图

(2)在"属性"面板里设置拉伸终点为"10000.0",拉伸起点为"0.0",修改材质为"混凝土",如图 5-107 所示。

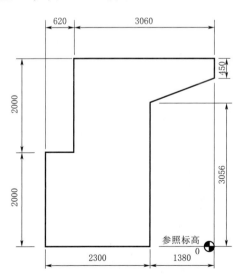

图 5-106 绘制异型纵梁—3680×4000 轮廓
(单位:mm)

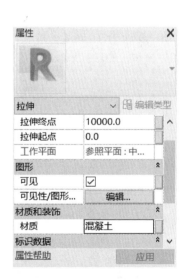

图 5-107 "属性"面板参数设置

(3)单击"确定"按钮,完成绘制,打开三维视图,将"详细程度"调整为"精细",

"视觉样式"改为"真实",结果如图 5-108 所示。保存绘制完成的模型,并命名为"异型纵梁-3680×4000"。

图 5-108 异型纵梁-3680×4000 绘制完成

5.3.5 倒 T 型纵梁—2500×3800

根据"引桥立面图",本小节的倒 T 型纵梁尺寸为2500mm×3800mm,本倒 T 型纵梁属于引桥的梁族,并将在后期创建引桥模型时使用。

1. 新建梁族

选择族样板:单击应用程序菜单,选择"新建",然后选择"族",最后选择"公制结构框架—梁和支撑.rft"族样板,单击"打开",如图 5-92 所示。

2. 创建基本形状

(1)切换至"左"立面视图,在"创建"选项卡的"形状"面板中单击"拉伸"按钮,在"修改|创建拉伸"选项卡中选择适当的工具绘制轮廓,如图 5-12 所示。通过实心拉伸,创建倒 T 型纵梁—2500×3800 形状,如图 5-109 所示。在"左"立面视图绘制该纵梁轮廓,如图 5-110 所示。

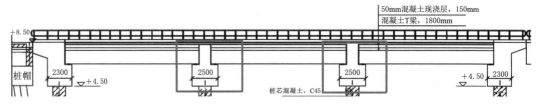

图 5-109 倒 T 型纵梁—2500×3800 轮廓图

(2)在"属性"面板里设置拉伸终点为"10000.0",拉伸起点为"0.0",修改材质为"混凝土",如图 5-111 所示。

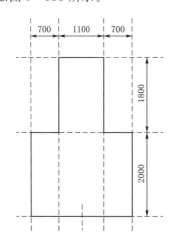

图 5-110 绘制倒 T 型纵梁—2500×
3800 轮廓(单位:mm)

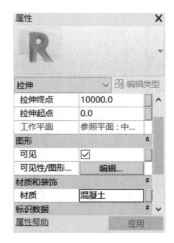

图 5-111 "属性"面板参数设置

（3）单击"确定"按钮，完成绘制，打开三维视图，将"详细程度"调整为"精细"，"视觉样式"改为"真实"，结果如图 5-112 所示。保存绘制完成的模型，并命名为"倒 T 型纵梁—2500×3800"。

5.3.6 T型横梁—1800×1800

根据"引桥断面图"，本小节的 T 型横梁尺寸为 1800mm×1800mm，本横梁属于引桥的梁族，并将在后期创建引桥模型时使用。

1. 新建梁族

选择族样板：单击应用程序菜单，选择"新建"，然后选择"族"，最后选择"公制结构框架—梁和支撑.rft"族样板，单击"打开"，如图 5-92 所示。

2. 创建基本形状

（1）切换至"左"立面视图，在"创建"

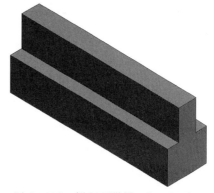

图 5-112 倒 T 型纵梁—2500×3800 绘制完成

选项卡的"形状"面板中单击"拉伸"按钮，在"修改｜创建拉伸"选项卡中选择适当的工具绘制轮廓，如图 5-12 所示。通过实心拉伸，创建 T 型横梁—2200×1750 形状，如图 5-113 所示。在"左"立面视图绘制该横梁轮廓，如图 5-114 所示。

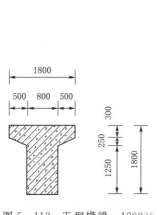

图 5-113 T 型横梁—1800×
1800 轮廓图（单位：mm）

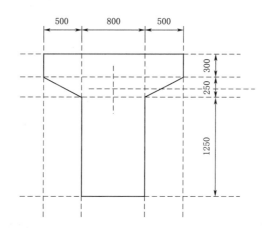

图 5-114 绘制 T 型横梁—1800×
1800 轮廓

（2）在"属性"面板里设置拉伸终点为"1250.0"，拉伸起点为"-1250.0"，修改材质为"混凝土"，如图 5-115 所示。

（3）单击"确定"按钮，完成绘制，打开三维视图，将"详细程度"调整为"精细"，"视觉样式"改为"真实"，结果如图 5-116 所示。保存绘制完成的模型，并命名为"T 型横梁—1800×1800"。

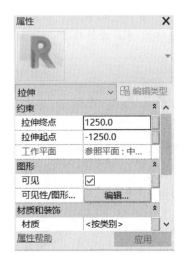

图 5-115 "属性"面板参数设置

图 5-116 T 型横梁—1800×1800
绘制完成

5.3.7 T 型横梁—2200×1750

根据"工作平台断面图"与"工作平台梁板布置图",本小节的 T 型横梁尺寸为 2200mm×1750mm,本横梁属于工作平台的梁族,并将在后期创建工作平台模型时使用。

1. 新建梁族

选择族样板:单击应用程序菜单,选择"新建",然后选择"族",最后选择"公制结构框架—梁和支撑.rft"族样板,单击"打开",如图 5-92 所示。

2. 创建基本形状

(1) 切换至"左"立面视图,在"创建"选项卡的"形状"面板中单击"拉伸"按钮,在"修改 | 创建拉伸"选项卡中选择适当的工具绘制轮廓,如图 5-12 所示。通过实心拉伸,创建 T 型横梁—2200×1750 形状,如图 5-117 所示。在"左"立面视图绘制该横梁轮廓,如图 5-118 所示。

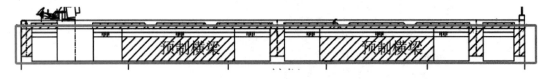

图 5-117 T 型横梁—2200×1750 轮廓图

(2) 在"属性"面板里设置拉伸终点为"10000.0",拉伸起点为"0.0",修改材质为"混凝土",如图 5-119 所示。

(3) 单击"确定"按钮,完成绘制,打开三维视图,将"详细程度"调整为"精细","视觉样式"改为"真实",结果如图 5-120 所示。保存绘制完成的模型,并命名为"T 型横梁—2200×1750"。

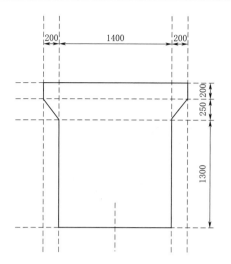

图 5-118 绘制 T 型横梁—2200×1750 轮廓
（单位：mm）

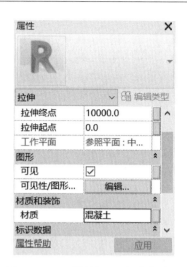

图 5-119 "属性"面板参数设置

5.3.8 倒 T 型横梁—2500×2960

根据"公共管廊平台断面图"，本小节的倒 T 型横梁尺寸为 2500mm×2960mm，本倒 T 型横梁属于工作平台的梁族，并将在后期创建公共管廊平台模型时使用。

1. 新建梁族

选择族样板：单击应用程序菜单，选择"新建"，然后选择"族"，最后选择"公制结构框架—梁和支撑.rft"族样板，单击"打开"，如图 5-92 所示。

2. 创建基本形状

（1）切换至"左"立面视图，在"创建"选项卡的"形状"面板中单击"拉伸"按

图 5-120 T 型横梁—2200×1750 绘制完成

钮，在"修改｜创建拉伸"选项卡中选择适当的工具绘制轮廓，如图 5-12 所示。通过实心拉伸，创建倒 T 型横梁—2500×2960 形状，如图 5-121 所示。在"左"立面视图绘制该横梁轮廓，如图 5-122 所示。

（2）在"属性"面板里设置拉伸终点为"10000.0"，拉伸起点为"0.0"，如图 5-123 所示。

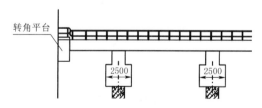

图 5-121 倒 T 型横梁—2500×2960 轮廓图（单位：mm）

（3）单击"确定"按钮，完成绘制，打开三维视图，将"详细程度"调整为"精细"，"视觉样式"改为"真实"，结果如图 5-124 所示。保存绘制完成的模型，并命名为"倒 T 型横梁—2500×2960"。如图 5-125 所示，所有的横梁与纵梁已保存在"横梁与纵梁"文件夹中。

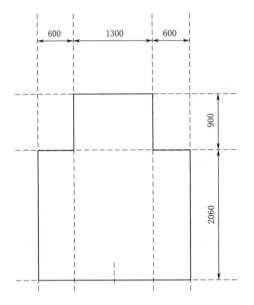

图 5-122 绘制倒 T 型横梁—2500×
2960 轮廓（单位：mm）

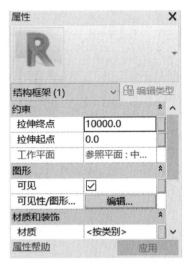

图 5-123 "属性"面板参数设置

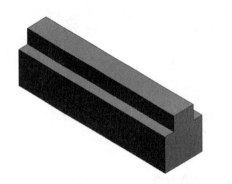

图 5-124 倒 T 型横梁—2500×2960 绘制完成

桩帽

图 5-126 "桩帽"
文件夹

图 5-125 纵梁与横梁保存完成

5.4 桩 帽

　　建立模型前，先根据本项目中的所有工程图纸查阅所需建立的模型的尺寸、定位、属性等信息，保证模型创建的正确性。根据先地下后地上的施工顺序，查阅得到本项目所需的三种桩帽的类型，由于桩帽较为简单，直接进行建模。本节桩帽的建模依据来自"工作平台桩帽布置图"与"工作平台断面图"，在"码头项目族库"内新建一个文件夹，命名为"桩帽"，如图 5-126所示。

5.4.1　ZM01

1. 新建族

选择族样板：单击应用程序菜单，选择"新建"，然后选择"族"，最后选择"公制常规模型.rft"族样板，单击"打开"，如图5-92所示。

2. 创建基本形状

（1）切换至"左"立面视图，在"创建"选项卡的"形状"面板中单击"拉伸"按钮，在"修改|创建拉伸"选项卡中选择适当的工具绘制轮廓，如图5-12所示。通过实心拉伸，创建ZM01形状，如图5-127所示。在"左"立面视图绘制该桩帽轮廓，如图5-128所示。

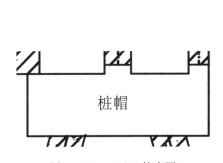

图5-127　ZM01轮廓图

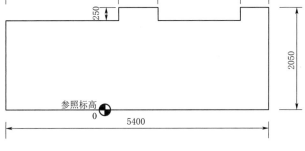

图5-128　绘制ZM01轮廓

（2）在"属性"面板里设置拉伸终点为"2400.0"，拉伸起点为"0"，修改材质为"混凝土"，如图5-129所示。

（3）单击"确定"按钮，完成绘制，打开三维视图，将"详细程度"调整为"精细"，"视觉样式"改为"真实"，结果如图5-130所示。保存绘制完成的模型，并命名为"ZM01"。

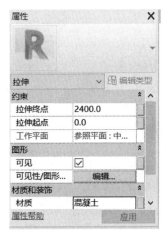

图5-129　"属性"面板参数设置

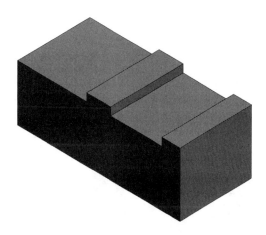

图5-130　ZM01绘制完成

5.4.2　ZM02

1. 新建族

选择族样板：单击应用程序菜单，选择"新建"，然后选择"族"，最后选择"公制常规模型.rft"族样板，单击"打开"，如图5-92所示。

2. 创建基本形状

（1）切换至"左"立面视图，在"创建"选项卡的"形状"面板中单击"拉伸"按钮，在"修改 | 创建拉伸"选项卡中选择适当的工具绘制轮廓，如图5-12所示。通过实心拉伸，创建ZM02形状，如图5-131所示。在"左"立面视图绘制该桩帽轮廓，如图5-132所示。

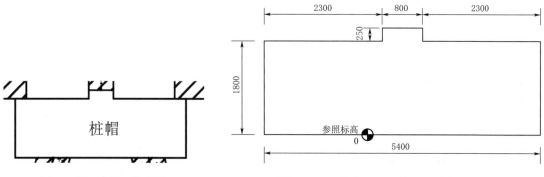

图5-131　ZM02轮廓图　　　　　图5-132　绘制ZM02轮廓（单位：mm）

（2）在"属性"面板里设置拉伸终点为"2400.0"，拉伸起点为"0.0"，修改材质为"混凝土"，如图5-133所示。

（3）单击"确定"按钮，完成绘制，打开三维视图，将"详细程度"调整为"精细"，"视觉样式"改为"真实"，结果如图5-134所示。保存绘制完成的模型，并命名为"ZM02"。

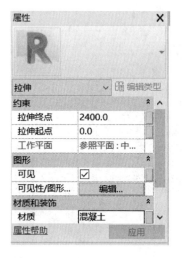

图5-133　"属性"面板参数设置

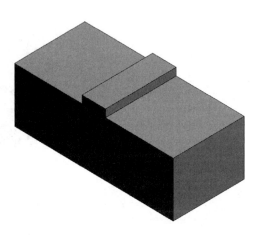

图5-134　ZM02绘制完成

5.4.3 ZM03

1. 新建族

选择族样板：单击应用程序菜单，选择"新建"，然后选择"族"，最后选择"公制常规模型.rft"族样板，单击"打开"，如图5-92所示。

2. 创建基本形状

（1）切换至"左"立面视图，在"创建"选项卡的"形状"面板中单击"拉伸"按钮，在"修改｜创建拉伸"选项卡中选择适当的工具绘制轮廓，如图5-12所示。通过实心拉伸，创建ZM03形状，如图5-135所示。在"左"立面视图绘制该桩帽轮廓，如图5-136所示。

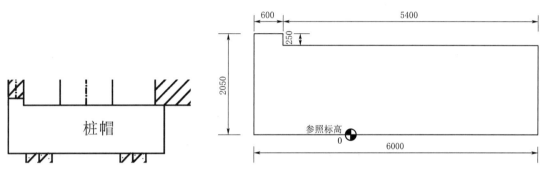

图5-135 ZM03轮廓图　　　　图5-136 绘制ZM03轮廓（单位：mm）

（2）在"属性"面板里设置拉伸终点为"2400.0"，拉伸起点为"0.0"，修改材质为"混凝土"，如图5-137所示。

（3）单击"确定"按钮，完成绘制，打开三维视图，将"详细程度"调整为"精细"，"视觉样式"改为"真实"，结果如图5-138所示。保存绘制完成的模型，并命名为"ZM03"。如图5-139所示，所有的桩帽模型已保存在"桩帽"文件夹中。

图5-137 "属性"面板
参数设置

图5-138 ZM03绘制完成

图5-139 所有桩帽
保存完成

5.5 墩 台

建立模型前，先根据本项目中的所有工程图纸查阅所需建立的模型的尺寸、定位、属性等信息，保证模型创建的正确性。根据先地下后地上的施工顺序，查阅得本项目所需的墩台类型，接下来进行建模及参数化。本节墩台的建模依据来自均来自"靠船墩、系缆墩断面图"，在"码头项目族库"内新建一个文件夹，命名为"墩台"，如图 5-140 所示。

5.5.1 靠船墩墩台

根据"靠船墩断面图"，本小节的靠船墩墩台尺寸为 18000mm×4500mm，本墩台所属于靠船墩，并将在后期创建靠船墩模型时使用。

墩台

图 5-140 "墩台"文件夹

1. 新建族

选择族样板：单击应用程序菜单，选择"新建"，然后选择"族"，最后选择"公制常规模型.rft"族样板，单击"打开"，如图 5-92 所示。

2. 创建基本形状

（1）切换至"右"立面视图，在"创建"选项卡的"形状"面板中单击"拉伸"按钮，在"修改｜创建拉伸"选项卡中选择适当的工具绘制轮廓，如图 5-12 所示。通过实心拉伸，创建靠船墩墩台形状，如图 5-141 所示。在"右"立面视图绘制该墩台轮廓，如图 5-142 所示。

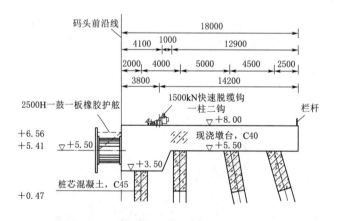

图 5-141 靠船墩墩台轮廓图（单位：mm）

（2）在"属性"面板里设置拉伸终点为"-7500.0"，拉伸起点为"7500.0"，如图 5-143 所示。

（3）单击"确定"按钮，完成绘制，打开三维视图，将"详细程度"调整为"精细"，"视觉样式"改为"真实"，结果如图 5-144 所示。保存绘制完成的模型，并命名为"靠船墩墩台"。

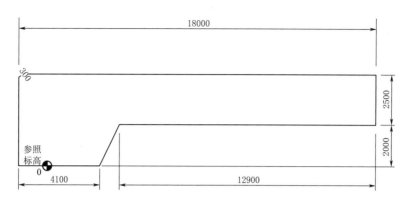

图 5-142 绘制靠船墩墩台轮廓

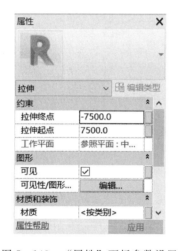

图 5-143 "属性"面板参数设置

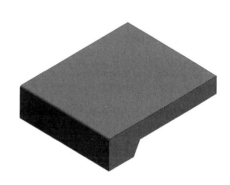

图 5-144 靠船墩墩台绘制完成

5.5.2 系缆墩墩台

根据"1#系缆墩断面图""2#～5#系缆墩断面图""6#系缆墩断面图",本小节的墩台尺寸为 12000mm×2500mm 与 13500mm×2500mm,本墩台属于系缆墩,并将在后期创建系缆墩模型时使用。根据以上三张图纸发现 1#～5#系缆墩的尺寸一致,6#系缆墩尺寸稍大,需要分开建模。

5.5.2.1 1#～5#系缆墩墩台

1. 新建族

选择族样板:单击应用程序菜单,选择"新建",然后选择"族",最后选择"公制常规模型.rft"族样板,单击"打开",如图 5-92 所示。

2. 创建基本形状

(1)切换至"左"立面视图,在"创建"选项卡的"形状"面板中单击"拉伸"按钮,在"修改│创建拉伸"选项卡中选择适当的工具绘制轮廓,如图 5-12 所示。通过实心拉伸,创建 1#～5#系缆墩墩台形状,如图 5-145 所示。在"左"立面视图绘制该墩台

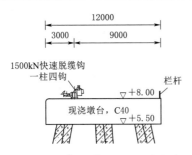

图 5-145　1#～5# 系缆墩墩台轮廓图
（单位：mm）

轮廓，如图 5-146 所示。

（2）在"属性"面板里设置拉伸终点为"12000.0"，拉伸起点为"0.0"，如图 5-147 所示。

（3）单击"确定"按钮，完成绘制，打开三维视图，将"详细程度"调整为"精细"，"视觉样式"改为"真实"，结果如图 5-148 所示。保存绘制完成的模型，并命名为"1#～5# 系缆墩墩台"。

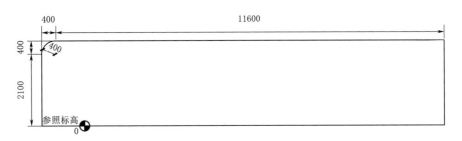

图 5-146　绘制 1#～5# 系缆墩墩台轮廓（单位：mm）

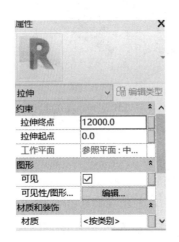

图 5-147　属性面板参数设置

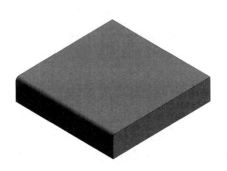

图 5-148　1#～5# 系缆墩墩台绘制完成

5.5.2.2　6# 系缆墩墩台

1. 新建族

选择族样板：单击应用程序菜单，选择"新建"，然后选择"族"，最后选择"公制常规模型 .rft"族样板，单击"打开"，如图 5-92 所示。

2. 创建基本形状

（1）切换至"左"立面视图，在"创建"选项卡的"形状"面板中单击"拉伸"按钮，在"修改｜创建拉伸"选项卡中选择适当的工具绘制轮廓，如图 5-12 所示。通过实

心拉伸，创建 6# 系缆墩墩台形状，如图 5－149
所示。在"左"立面视图绘制该墩台轮廓，如
图 5－150 所示。

（2）在"属性"面板里设置拉伸终点为
"13500.0"，拉伸起点为"0.0"，如图 5－151
所示。

（3）单击"确定"按钮，完成绘制，打开
三维视图，将"详细程度"调整为"精细"，
"视觉样式"改为"真实"，结果如图 5－152 所
示。保存绘制完成的模型，并命名为"6# 系缆
墩墩台"。

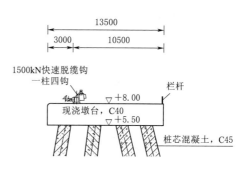

图 5－149　6# 系缆墩墩台轮廓图
（单位：mm）

图 5－150　绘制 6# 系缆墩墩台轮廓图（单位：mm）

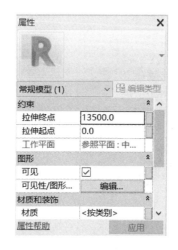

图 5－151　"属性"面板参数设置

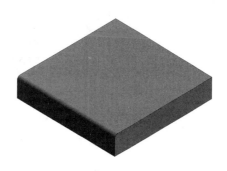

图 5－152　6# 系缆墩墩台绘制完成

5.5.3　转角墩墩台

1. 新建族

选择族样板：单击应用程序菜单，选择"新建"，然后选择"族"，最后选择"公制常
规模型.rft"族样板，单击"打开"，如图 5－92 所示。

2. 创建基本形状

（1）切换至"左"立面视图，在"创建"选项卡的"形状"面板中单击"拉伸"按钮，在"修改｜创建拉伸"选项卡中选择适当的工具绘制轮廓，如图 5-12 所示。通过实心拉伸，创建转角墩墩台形状，如图 5-153 所示。在"左"立面视图绘制该墩台轮廓，如图 5-154 所示。

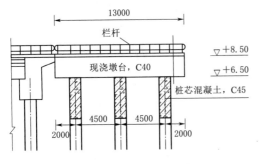

图 5-153 转角墩墩台轮廓图（单位：mm）

（2）在"属性"面板里设置拉伸终点为"11800.0"，拉伸起点为"0.0"，如图 5-155 所示。

（3）单击"确定"按钮，完成绘制，打开三维视图，将"详细程度"调整为"精细"，"视觉样式"改为"真实"，结果如图 5-156 所示。保存绘制完成的模型，并命名为"转角墩墩台"。

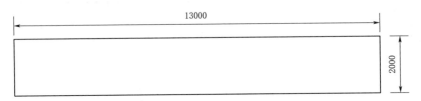

图 5-154 绘制转角墩墩台轮廓（单位：mm）

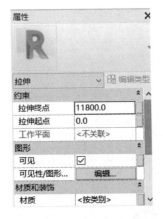

图 5-155 "属性"面板参数设置

图 5-156 转角墩墩台绘制完成

5.5.4 综合楼墩台

1. 新建族

选择族样板：单击应用程序菜单，选择"新建"，然后选择"族"，最后选择"公制常规模型.rft"族样板，单击"打开"，如图 5-92 所示。

2. 创建基本形状

（1）切换至"右"立面视图，在"创建"选项卡的"形状"面板中单击"拉伸"按钮，在"修改│创建拉伸"选项卡中选择适当的工具绘制轮廓，如图 5-12 所示。通过实心拉伸，创建综合楼墩台形状，如图 5-157 所示。在"右"立面视图绘制该墩台轮廓，如图 5-158 所示。

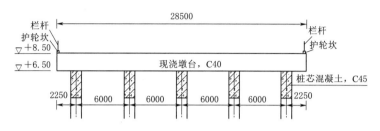

图 5-157　综合楼墩台轮廓图（单位：mm）

图 5-158　绘制综合楼墩台轮廓

（2）在"属性"面板里设置拉伸终点为"54000.0"，拉伸起点为"0.0"，如图 5-159 所示。

（3）单击"确定"按钮，完成绘制，打开三维视图，将"详细程度"调整为"精细"，"视觉样式"改为"真实"，结果如图 5-160 所示。保存绘制完成的模型，并命名为"综合楼墩台"。

图 5-159　"属性"面板参数设置

图 5-160　综合楼墩台绘制完成

5.5.5　公共管廊平台墩台

1. 新建族

选择族样板：单击应用程序菜单，选择"新建"，然后选择"族"，最后选择"公制常规模型.rft"族样板，单击"打开"，如图 5-92 所示。

2. 创建基本形状

（1）切换至"左"立面视图，在"创建"选项卡的"形状"面板中单击"拉伸"按钮，在"修改｜创建拉伸"选项卡中选择适当的工具绘制轮廓，如图 5-12 所示。通过实心拉伸，创建公共管廊平台墩台形状，如图 5-161 所示。在"左"立面视图绘制该墩台轮廓，如图 5-162 所示。

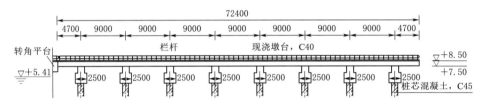

图 5-161　公共管廊平台墩台轮廓图（单位：mm）

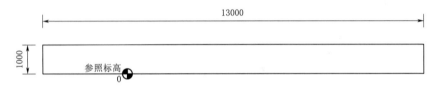

图 5-162　绘制公共管廊平台墩台轮廓（单位：mm）

（2）在"属性"面板里设置拉伸终点为"72400.0"，拉伸起点为"0.0"，如图 5-163 所示。

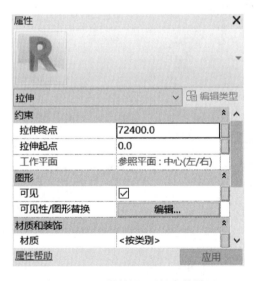

图 5-163　"属性"面板参数设置

（3）单击"确定"按钮，完成绘制，打开三维视图，将"详细程度"调整为"精细"，"视觉样式"改为"真实"，结果如图 5-164 所示。保存绘制完成的模型，并命名为"公共管廊平台墩台"。如图 5-165 所示，所有的墩台模型已保存在"墩台"文件夹中。

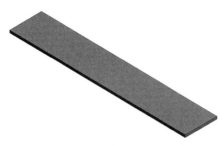

名称

🄁 1#~5#系缆墩墩台

🄁 6#系缆墩墩台

🄁 公共管廊平台墩台

🄁 靠船墩墩台

🄁 转角墩墩台

🄁 综合楼墩台

图 5-164　公共管廊平台墩台绘制完成　　　　图 5-165　所有墩台保存完成

5.6 钢　便　桥

钢便桥在码头工程中扮演着连接不同部分和功能的重要角色。大概有以下四种功能：

（1）连接陆上与船舶。码头作为陆地与船舶交汇的地方，钢便桥提供了连接船舶与陆地之间的通道。它们使得货物、人员等可以方便地在船舶和陆地之间来回运输，实现了高效的物流运作。

（2）连接不同部分的码头设施。码头通常包括不同的功能区域，如装卸区、存储区、办公区等。钢便桥可以连接这些不同的区域，使得码头内部的运作更加流畅和高效。

（3）提供临时通道。在码头维护、修建或其他特殊情况下，可能需要提供临时通道以保证码头的运作不受影响。钢便桥可以提供这样的临时通道，确保码头的正常运作。

（4）适应水位变化。码头所在水域的水位可能会随潮汐或其他因素而变化，钢便桥的连接设计要考虑这些水位变化，以确保连接的稳固性和安全性。

功能（1）与功能（4）常应用于浮码头、鱼码头等小型码头，功能（3）应用广泛，本港口项目中主要以功能（2）为主，钢便桥用于连接系缆墩、靠船墩、工作平面。

建立模型前，先根据本项目中的所有工程图纸查阅所需建立的模型的尺寸、定位、属性等信息，保证模型创建的正确性。根据先地下后地上的施工顺序，查阅得本项目所需的钢便桥类型，由于钢便桥不属于本港口工程主要建筑物，隶属附属设施，建模要求仅达到模型可观即可。建模过程较为简单，部分建模效果与图纸有所出入，但不妨碍模型整体感官。本节钢便桥的建模依据均来自"码头平立面图"。在"码头项目族库"内新建一个文件夹，命名为"钢便桥"，如图 5-166 所示。

钢便桥

图 5-166　"钢便桥"
文件夹

5.6.1　建模准备

1. 新建族

选择族样板：单击应用程序菜单，选择"新建"，然后选择"族"，最后选择"公制常规模型.rft"族样板，单击"打开"，如图 5-92 所示。

2. 导入 CAD

切换至"参照标高"平面，单击"插入"选项卡下的"导入 CAD"，如图 5 - 167 所示，选择素材包中的"码头平立面图"，勾选"仅当前视图"；"导入单位"设置为毫米，定位选择"自动-原点到原点"，如图 5 - 168 所示。

图 5 - 167　"导入 CAD"界面

图 5 - 168　导入 CAD 码头平立面图设置

3. 调整中心轴线比例

导入 CAD 后发现，中心轴线比例与图纸差别过大，如图 5 - 169 所示。选中中心轴线，进入"修改｜参照平面"选项卡，选择修改框中的解锁，如图 5 - 170 所示。选择缩放工具，在状态栏选择"数值方式"，如图 5 - 171 所示，将比例调整至适合大小，本次调整为 100，结果如图 5 - 172 所示。进入左上角"保存"，命名为"码头平立面图-已导入参照标高"。

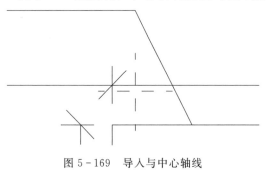

图 5 - 169　导入与中心轴线

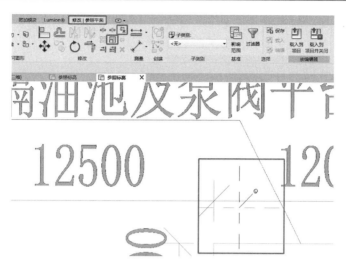

图 5 - 170　中心轴线修改

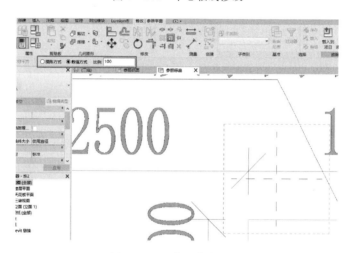

图 5 - 171　中心轴线放大

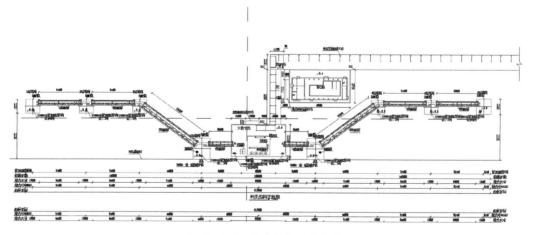

图 5 - 172　中心轴线放大完成

使用"对齐"工具和一定的辅助工具将左上 1$^#$ 钢便桥的中心移动放置到轴线中心,如图 5-173 所示。

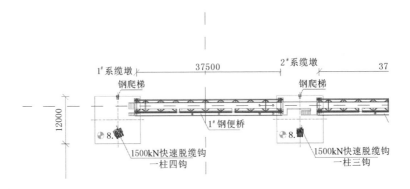

图 5-173 参照标高码头平立面图布置完成

同样的方式在"前"立面导入 CAD 图纸"码头平立面图",同时使用"对齐"工具,将其对齐到图纸上的 1$^#$ 钢便桥位置,如图 5-174 所示。

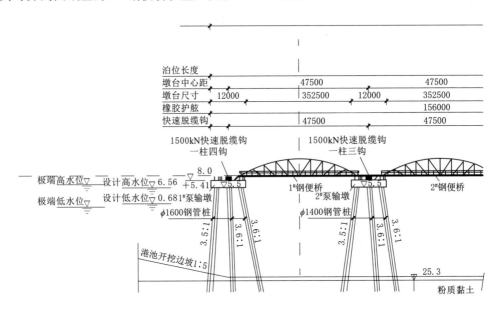

图 5-174 前立面码头平立面图布置完成

5.6.2 1$^#$ 钢便桥

(1)切换至"前"立面视图,在"创建"选项卡的"形状"面板中单击"拉伸"按钮,在"修改 | 创建拉伸"选项卡中使用"拾取线"和"线"等工具绘制左半侧钢便桥轮廓,轮廓草图如图 5-175 所示。拾取线获得的线并不如想象的那样自由连接,还需进行修改,如图 5-176 所示。使用"拆分图元"与"延伸为角"等工具修改轮廓草图,如图 5-177 所示。创建钢便桥轮廓形状,如图 5-178 所示,在"前"立面视图绘制该钢便

桥轮廓。使用"镜像-拾取轴"工具完成右半侧轮廓,检查线段是否闭合,是否有重复线段,检查无误后,则绘制完成,如图 5-179 所示。

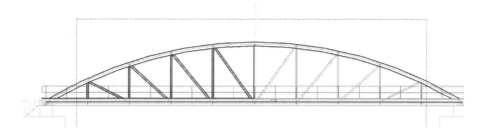

图 5-175 左半侧钢便桥轮廓拾取完成

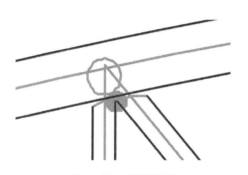

图 5-176 雏形轮廓

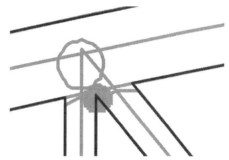

图 5-177 修改完成

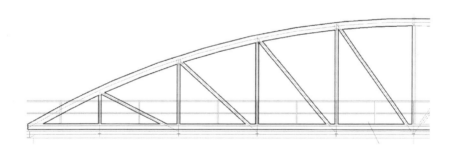

图 5-178 左半侧轮廓绘制完成

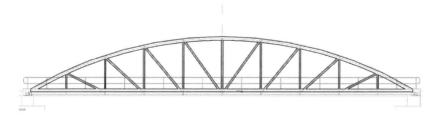

图 5-179 整体轮廓绘制完成

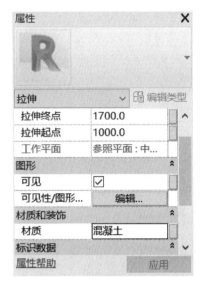

图 5-180 "属性"面板

（2）切换至"参照标高"平面视图，对比图纸中的钢便桥在"属性"面板里设置拉伸终点为"1700.0"，拉伸起点为"1000.0"，修改材质为"混凝土"，如图 5-180 所示。在"参照标高"平面视图中建成的模型如图 5-181 所示。使用"修改选项卡"下的"镜像—拾取轴"工具，拾取上一节中使用"对齐"的中心轴线，完成弧形—钢桁架桥—1#钢便桥的整体桁架桥模型，切换至三维视图，如图 5-182 所示。

（3）切换至"参照标高"平面视图，根据图纸中1#钢便桥的桥板形状，在"创建"选项卡的"形状"面板中单击"拉伸"按钮，在"修改｜创建拉伸"选项卡中使用"拾取线"和"线"等工具绘制对应的1#钢便桥的桥板，如图 5-183 所示，并在"属性"面板调整桥板厚度，切换至"三维视图"，如图 5-184 所示，左上角单击"保存"，命名为"1#钢便桥"。

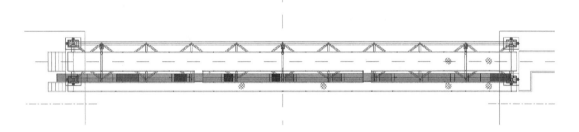

图 5-181 模型位置

图 5-182 钢便桥雏形

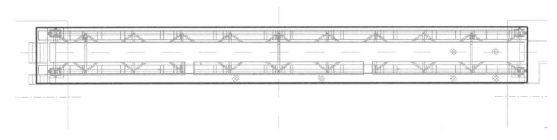

图 5-183　桥板轮廓

图 5-184　1# 钢便桥绘制完成

5.6.3　2# 钢便桥

（1）使用"对齐"工具和一定的辅助工具将自左向右第二个图元——2# 钢便桥的中心移动放置至轴线中心。

（2）切换至"前"立面视图，在"创建"选项卡的"形状"面板中单击"拉伸"按钮，在"修改｜创建拉伸"选项卡中使用"拾取线"和"线"等工具绘制左半侧钢便桥轮廓，轮廓草图如图 5-185 所示。拾取线获得的线并不如想象的那样自由连接，还需进行修改，如图 5-186 所示。使用"拆分图元"与"延伸为角"等工具修改轮廓草图，如图 5-187 所示。创建钢便桥轮廓形状，如图 5-188 所示，在"前"立面视图绘制该钢便桥轮廓。使用"镜像-拾取轴"工具完成右半侧轮廓，检查线段是否闭合，是否有重复线段，检查无误后，则绘制完成，如图 5-189 所示。

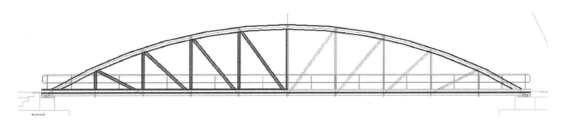

图 5-185　左半侧轮廓拾取完成

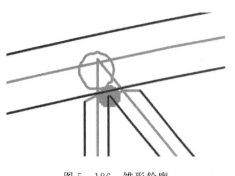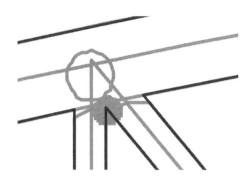

图5-186 雏形轮廓　　　　　　图5-187 修改完成

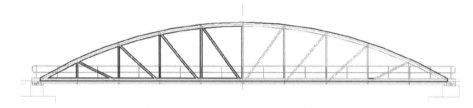

图5-188 左半侧轮廓绘制完成

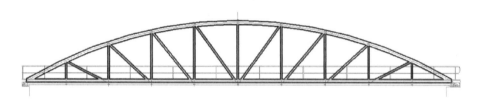

图5-189 整体轮廓绘制完成

（3）切换至"参照标高"平面视图，对比图纸中的钢便桥，在"属性"面板里设置拉伸终点为"1700.0"，拉伸起点为"1000.0"，修改材质为"混凝土"，如图5-190所示。在"参照标高"平面视图中建成的模型如图5-191所示。使用"修改选项卡"下的"镜像—拾取轴"工具，拾取上一节中使用"对齐"的中心轴线，完成弧形-钢桁架桥-2#钢便桥的整体桁架桥模型，切换至三维视图，如图5-192所示。

（4）切换至"参照标高"平面视图，根据图纸中2#钢便桥的桥板形状，在"创建"选项卡的"形状"面板中单击"拉伸"按钮，在"修改｜创建拉伸"选项卡中使用"拾取线"和"线"等工具绘制对应的2#钢便桥的桥板，如图5-193所示，并在"属性"面板调整桥板厚度，切换至"三维视图"，如图5-194所示，左上角单击"保存"，命名为"2#钢便桥"。

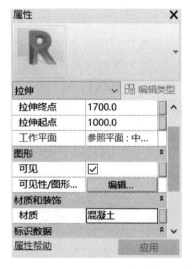

图5-190 属性面板

96

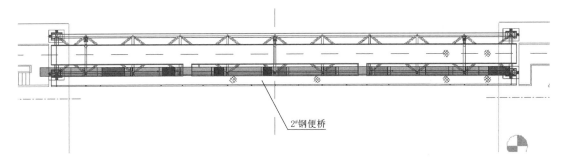

图 5-191 模型位置

图 5-192 钢便桥雏形

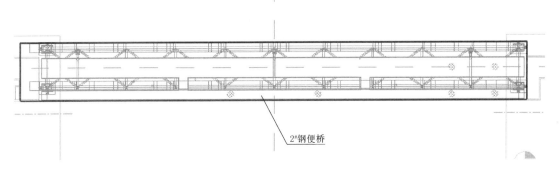

图 5-193 桥板轮廓

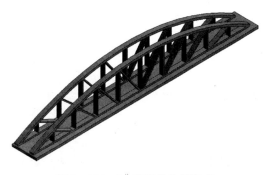

图 5-194 2# 钢便桥绘制完成

5.6.4 3#钢便桥

（1）使用"对齐"工具和一定的辅助工具将自左向右第三个图元——3#钢便桥的中心移动放置至轴线中心。

（2）切换至"参照标高"平面视图，如图 5-195 所示，观察到 3#钢便桥为倾斜布置，总长度为 56900mm，且旋转角度不为特殊角度，为尽量贴近原模型，建模过程中将会进行一定的调整。切换至"前"立面视图，在"创建"选项卡的"形状"面板中单击"拉伸"按钮，在"修改｜创建拉伸"选项卡中使用"拾取线"和"线"等工具绘制左半侧钢便桥轮廓，轮廓草图如图 5-196 所示。拾取线获得的线并不是想象的那样自由连接，还需进行修改，如图 5-197 所示，使用"拆分图元"与"延伸为角"等工具修改轮廓草图，如图 5-198 所示。创建钢便桥轮廓形状，如图 5-199 所示，在"前"立面视图绘制该钢便桥轮廓。使用"镜像—拾取轴"工具完成右半侧轮廓，检查线段是否闭合，是否有重复线段，检查无误后，则绘制完成，如图 5-200 所示。

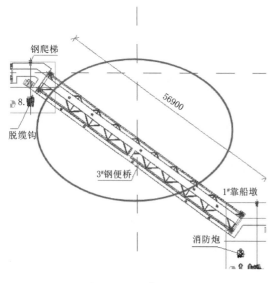

图 5-195 3#钢便桥

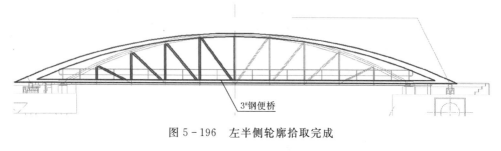

图 5-196 左半侧轮廓拾取完成

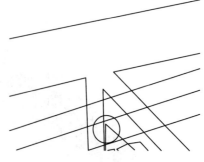

图 5-197 雏形轮廓   图 5-198 修改完成

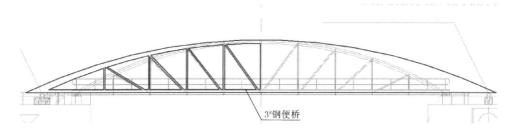

图 5-199 左半侧轮廓绘制完成

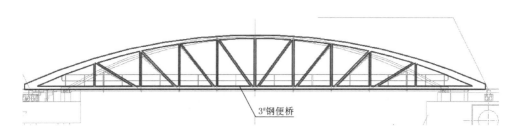

图 5-200 整体轮廓绘制完成

注意：3#钢便桥因图纸有旋转角度，会导致一定程度的失真，3#钢便桥的建模需要先绘制整体模型，然后旋转一定角度。

（3）切换至"参照标高"平面视图，测量图中3#钢便桥与水平的夹角，并旋转相应角度，对比图纸中的钢便桥，在"属性"面板里设置拉伸终点为"1700.0"，拉伸起点为"1000.0"，修改材质为"混凝土"，如图5-201所示。在"参照标高"平面视图中建成的模型，如图5-202所示。使用"修改选项卡"下的"镜像—拾取轴"工具，拾取上一节中使用"对齐"的中心轴线，完成弧形-钢桁架桥-3#钢便桥的整体桁架桥模型，切换至"三维视图"，如图5-203所示。

（4）切换至"参照标高"平面视图，根据图纸中3#钢便桥的桥板形状，在"创建"选项卡的"形状"面板中单击"拉伸"按钮，在"修改｜创建拉伸"选项卡中使用"拾取线"和"线"等工具绘制对应的3#钢便桥的桥板，如图5-204所示，并在"属性"面板调整桥板厚度，切换至"三维视图"，如图5-205所示，左上角单击"保存"，命名为"3#钢便桥"。

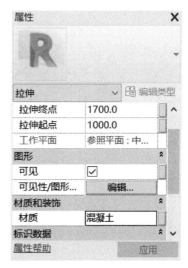

图 5-201 "属性"面板

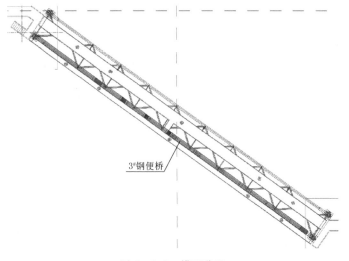

图 5 - 202 模型位置

图 5 - 203 钢便桥雏形

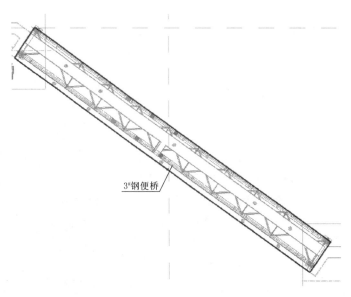

图 5 - 204 桥板轮廓

图 5-205　3[#]钢便桥绘制完成

5.6.5　4[#]钢便桥

（1）切换至"前"立面视图，在"创建"选项卡的"形状"面板中单击"拉伸"按钮，在"修改│创建拉伸"选项卡中使用"拾取线"和"线"等工具绘制左半侧钢便桥轮廓，轮廓草图如图 5-206 所示。拾取线获得的线并不如想象的自由连接，还需进行修改，如图 5-207 所示。使用"拆分图元"与"延伸为角"等工具修改轮廓草图，如图 5-208 所示。创建钢便桥轮廓形状，如图 5-209 所示，在"前"立面视图绘制该钢便桥轮廓。重复以上步骤完成右半侧轮廓，检查线段是否闭合，是否有重复线段，检查无误后，则绘制完成，如图 5-210 所示。

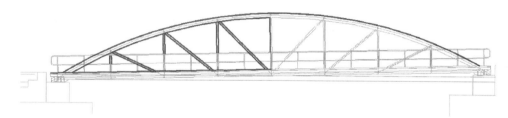

图 5-206　左半侧轮廓拾取完成

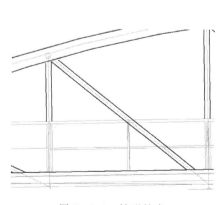

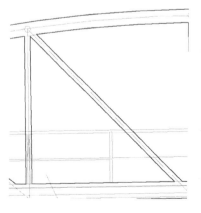

图 5-207　雏形轮廓　　　　　　　　图 5-208　修改完成

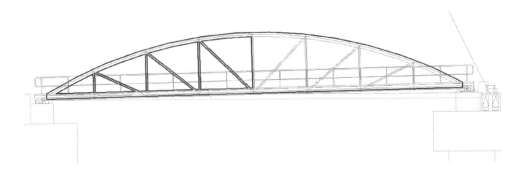

图 5-209 左半侧轮廓绘制完成

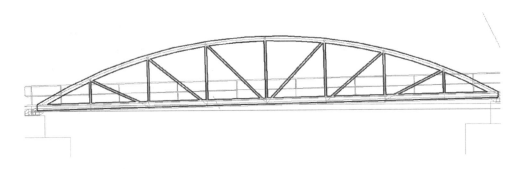

图 5-210 整体轮廓绘制完成

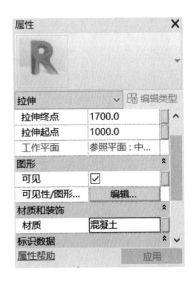

图 5-211 "属性"面板

（2）切换至"参照标高"平面视图，对比图纸中的钢便桥在"属性"面板里设置拉伸终点为"1700.0"，拉伸起点为"1000.0"，修改材质为"混凝土"，如图 5-211 所示。在"参照标高"平面视图中建成的模型，如图 5-212 所示。使用"修改选项卡"下的"镜像—拾取轴"工具，拾取上一节中使用"对齐"的中心轴线，完成弧形-钢桁架桥-4#钢便桥的整体桁架桥模型，切换至"三维视图"，如图 5-213 所示。

（3）切换至"参照标高"平面视图，根据图纸中 4#钢便桥的桥板形状，在"创建"选项卡的"形状"面板中单击"拉伸"按钮，在"修改｜创建拉伸"选项卡中使用"拾取线"和"线"等工具绘制对应的 4#钢便桥的桥板，如图 5-214 所示，并在属性面板调整桥板厚度，切换至"三维视图"，如图 5-215 所示。

左上角单击"保存"，命名为"4#钢便桥"。

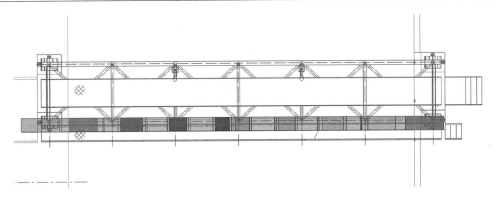

图 5-212 模型位置

图 5-213 钢便桥雏形

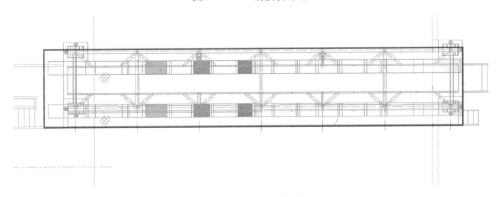

图 5-214 桥板轮廓

图 5-215 4# 钢便桥绘制完成

5.6.6 5[#]钢便桥

本港口工程结构在钢便桥设计中具有高度的对称性，所以可以使用"镜像—绘制轴"工具复制上一节绘制的4[#]钢便桥即可完成5[#]钢便桥的绘制。左上角单击"保存"，命名为"5[#]钢便桥"。

5.6.7 6[#]钢便桥

本港口工程结构在钢便桥设计中具有高度的对称性，因此可以使用"镜像-绘制轴"工具复制上一节绘制的3[#]钢便桥即可完成6[#]钢便桥的绘制。左上角单击"保存"，命名为"6[#]钢便桥"，如图5-217所示。

图5-216 5[#]钢便桥绘制完成

图5-217 6[#]钢便桥绘制完成

5.6.8 7[#]钢便桥

本港口工程结构在钢便桥设计中具有高度的对称性，因此可以使用"镜像-绘制轴"工具复制上一节绘制的2[#]钢便桥即可完成7[#]钢便桥的绘制。左上角单击"保存"，命名为"7[#]钢便桥"，如图5-218所示。

5.6.9 8[#]钢便桥

（1）使用"对齐"工具和一定的辅助工具将自右向左第一个图元——8[#]钢便桥的中心移动放置至轴线中心。

（2）切换至"前"立面视图，在"创建"选项卡的"形状"面板中单击"拉伸"按钮，

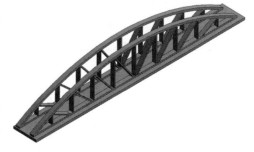

图5-218 7[#]钢便桥绘制完成

在"修改｜创建拉伸"选项卡中使用"拾取线"和"线"等工具绘制左半侧钢便桥轮廓，轮廓草图如图5-219所示。拾取线获得的线并不是想象的那样自由连接，还需进行修改，如图5-220所示。使用"拆分图元"与"延伸为角"等工具修改轮廓草图，如图5-221所示。创建钢便桥轮廓形状，如图5-222所示，在"前"立面视图绘制该钢便桥轮廓。使用"镜像—拾取轴"工具完成右半侧轮廓，检查线段是否闭合，是否有重复线段，检查无误后，则创建完成，如图5-223所示。

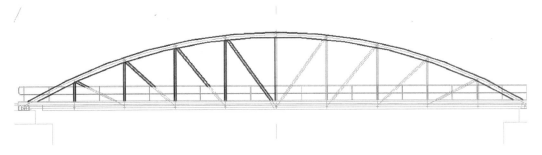

图 5-219 左半侧轮廓拾取完成

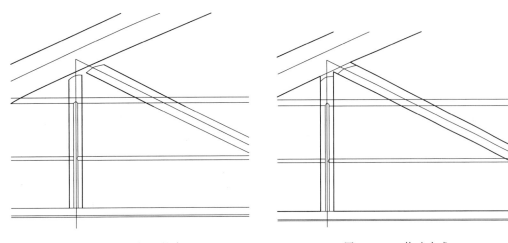

图 5-220 雏形轮廓   图 5-221 修改完成

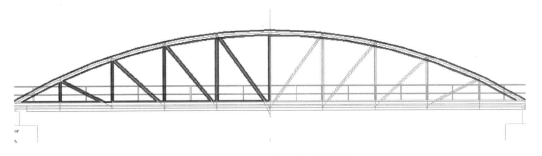

图 5-222 左半侧轮廓绘制完成

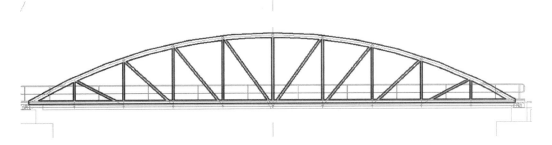

图 5-223 整体轮廓绘制完成

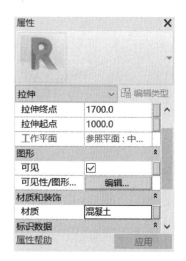

图 5 - 224　"属性"面板

（3）切换至"参照标高"平面视图，对比图纸中的钢便桥，在"属性"面板里设置拉伸终点为"1700.0"，拉伸起点为"1000.0"，修改材质为"混凝土"，如图 5 - 224 所示。在"参照标高"平面视图中建成的模型如图 5 - 225 所示。使用"修改选项卡"下的"镜像—拾取轴"工具，拾取上一节中使用"对齐"的中心轴线，完成弧形-钢桁架桥-8#钢便桥的整体桁架桥模型，切换至"三维视图"，如图 5 - 226 所示。

（4）切换至"参照标高"平面视图，根据图纸中 8# 钢便桥的桥板形状，在"创建"选项卡的"形状"面板中单击"拉伸"按钮，在"修改｜创建拉伸"选项卡中使用"拾取线"和"线"等工具绘制对应的 8# 钢便桥的桥板，如图 5 - 227 所示，并在"属性"面板调整桥板厚度，切换至"三维视图"，如图 5 - 228 所示，左上角单击"保存"，命名为"8#钢便桥"。如图 5 - 229 所示，所有的钢便桥模型已保存在"钢便桥"文件夹中。

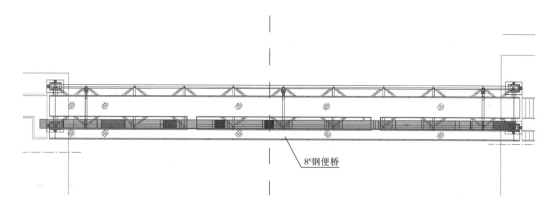

图 5 - 225　模型位置

图 5 - 226　钢便桥雏形

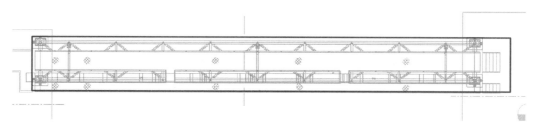

图 5－227　桥板轮廓

图 5－228　8[#]钢便桥绘制完成

名称

1[#]钢便桥

2[#]钢便桥

3[#]钢便桥

4[#]钢便桥

5[#]钢便桥

6[#]钢便桥

7[#]钢便桥

8[#]钢便桥

图 5－229　1[#]～8[#]钢便桥均保存完成

第6章 工 作 平 台

码头装卸工作平台是连接海港和陆地的关键设施，负责将货物从船只转运至岸上。在码头上进行装卸作业时需要用到吊车、叉车等机械设备来完成操作；同时也有许多工人从事手工作业，如搬运重物或装箱等，工作往往十分辛苦且危险性较高。

随着科技的发展与进步，自动化设备逐渐取代人工成为主流趋势。智能化的港口管理系统能够实时监控设备的运行状态并调度资源以提高效率；无人驾驶的集装箱卡车可以自动完成运输任务而无须驾驶员介入，提高了安全性，降低了成本，也使得物流行业更加环保和可持续。

本项目为原油码头，原油码头装卸过程中以管道运输为主，工作平台上一般有输油臂、围油坎、登船梯、快速脱缆钩等附属设施。在"某原油码头的 BIM 建模"所在的文件夹内，新建一个文件夹，命名为"工作平台"，如图 6-1 所示。

图 6-1 "工作平台"
文件夹

6.1 创 建 准 备

建立模型前，先根据本项目中的所有工程图纸查阅所需建立的模型的尺寸、定位、属性等信息，保证模型创建的正确性。查阅"码头平立面图""工作平台断面图""桩位布置图"等图纸，本项目任务为创建一座工作平台。

6.1.1 CAD 导入与立面修正

1. 新建项目

选择项目样板：单击应用程序菜单，选择"新建"，然后选择"模型"，最后选择"建筑样板"项目样板，单击"确定"如图 6-2 所示。

图 6-2 新建项目

2. 导入 CAD

切换至"参照标高"平面，单击"插入"选项卡下的"导入 CAD"或"链接 CAD"，如图 6-3 所示，选择素材包中的"桩位布置图"，不勾选"仅当前视图"；"导入单位"设置为毫米，"定位"选择"自动-原点到原点"，如图 6-4 所示。

图 6-3   "导入 CAD"界面

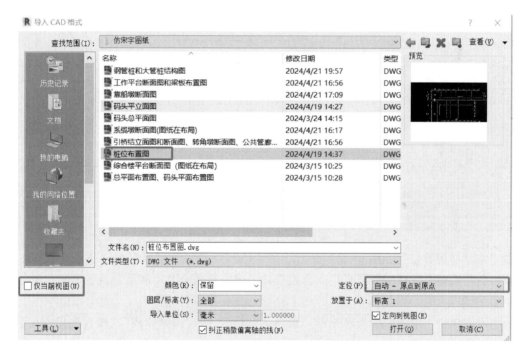

图 6-4   "桩位布置图"设置

3. 调整立面视图

导入 CAD 后发现，图纸角度与软件提供的立面位置距离过大，不利于工作平台准确建模，如图 6-5 所示。使用"移动"工具，将图 6-5 中的四个立面移动至工作平台的四边，如图 6-6 所示。保存刚刚导入图纸的项目，并命名为"港口 CAD 样板文件"。

6.1.2   Φ1000 钢管桩完善

在 5.2 节中已经完成了 Φ1000 钢管桩的建模，查阅"工作平台断面图"，工作平台所

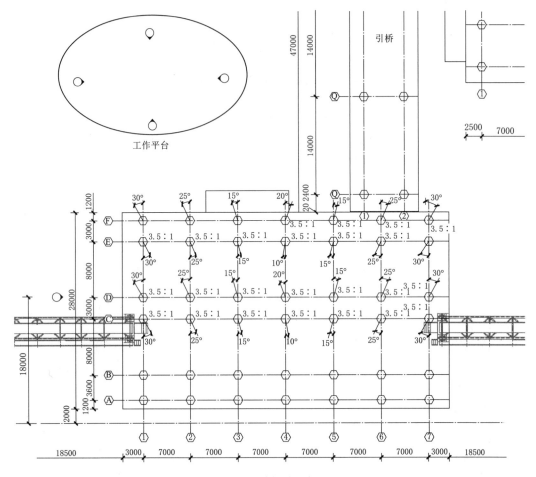

图 6-5　差异的导入与立面

用的"Φ1000 钢管桩"如图 6-7 所示。在"Φ1000 钢管桩"桩模型中还需增加如图 6-7所示的桩芯混凝土模型。本节采用嵌套族形式创建完整的Φ1000 钢管桩族。

1. 新建族

选择族样板：单击应用程序菜单，选择"新建"，然后选择"族"，最后选择"公制常规模型 .rft"族样板，单击"打开"，如图 5-92 所示。

2. 创建基本形状

（1）切换至"参照标高"平面视图，在"创建"选项卡的"形状"面板中单击"拉伸"按钮，在"修改｜创建拉伸"选项卡中选择适当的工具绘制轮廓，如图 5-12 所示。通过实心拉伸，创建"桩芯混凝土"形状。由于"钢管桩零件-加强板"的存在，需要建模时预留其位置，桩芯混凝土由一个高为 500mm，底面圆半径为 460mm 的圆柱和一个高为 3000mm，底面圆半径为 480mm 的圆柱组合而成，为保证参数化的需要，桩芯混凝土的圆直径也需和Φ1000 钢管桩的相关参数相关联，在"参照标高"平面视图绘制相应轮廓，并进行注释，设置相应参数化，结果如图 6-8 所示。

（2）在"属性"面板里分别设置拉伸终点为"0"，拉伸起点为"-500.0"；拉伸终点

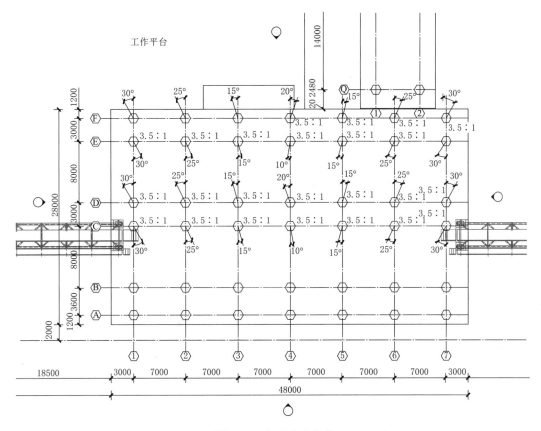

图 6-6 立面移动完成

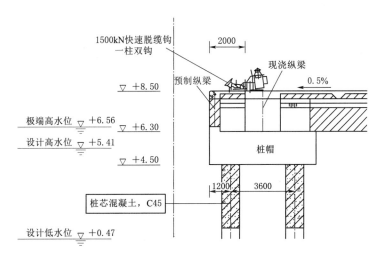

图 6-7 Φ1000 桩芯混凝土示意图

为"-500",拉伸起点为"-3500.0",修改材质为"混凝土",单击"确定"按钮,完成绘制,打开"三维视图",将"详细程度"调整为"精细","视觉样式"改为"真实",结果如图 6-9 所示。保存绘制完成的模型,并命名为"桩芯混凝土"。

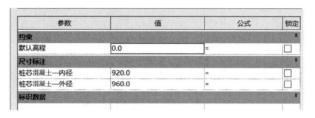

图 6-8 设置桩芯混凝土参数化

（3）打开"桩芯混凝土"与"Φ1000 钢管桩"，将"桩芯混凝土"载入"Φ1000 钢管桩"，如图 6-10 所示，需调整位置。

图 6-9 桩芯混凝土绘制完成　　图 6-10 桩芯混凝土模型载入

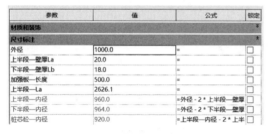

图 6-11 新建参数及公式

（4）调整位置结束后，还需将新建参数和原参数关联，新建参数名称为"桩芯混凝土—内径"，其公式为"上半段—内径-2＊上半段—壁厚 La"，如图 6-11 所示。将"桩芯混凝土—外径"与"上半段—内径"相关联。关联参数如图 6-12 所示。切换"三维视图"，"详细程度"改为"精细"，"视觉样式"改为"着色"，则创建完成，如图 6-13 所示，进入左上角"保存"。如图 6-14 所示，完善的 Φ1000 钢管桩已保存在"工作平台"文件夹中。

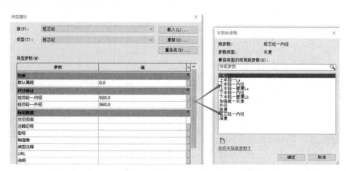

图 6-12 关联参数

名称

R ϕ1000钢管桩

R 港口CAD样板文件

图6-13 Φ1000钢管桩创建完成　　　　图6-14 工作平台创建准备完成

6.2 创建标高与轴网

6.2.1 创建标高

打开"港口 CAD 样板文件"项目，切换至任意立面视图，可以看到视图中已经创建了"标高 1""标高 2"两个默认标高，在楼层平面中也默认创建了相应的视图，如图 6-15 所示，接下来开始创建"工作平台"项目标高。

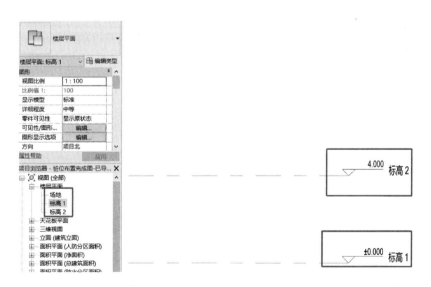

图6-15 默认标高

标高创建命令在"建筑"选项卡"基准"面板中，如图 6-16 所示，单击"标高"将弹出标高创建的工具条，并在属性栏显示标高的属性；Revit 提供两种创建标高的工具，即"线"绘制标高和"拾取线"创建标高，如图 6-17 所示的椭圆标记处。

图 6-16 标高创建命令

图 6-17 绘制标高的两种方式

由"工作平台断面图"，工作平台需要 5 条标高，自下而上分别为工作平台桩底标高、分段标高、工作平台桩顶标高、工作平台桩帽顶、工作平台。与此同时保留"标高 1"所处的 0.000 标高。

1. 绘制标高

可以通过"线"工具来创建标高，在"修改｜放置标高"选项卡"绘制"面板中单击"线"按钮，确定属性栏显示的标高类型为"上标头"，将光标捕捉到"标高 1"另一端正上方，输入"4500"，按【Enter】键，即可确定标高的第一点，如图 6-18 所示。

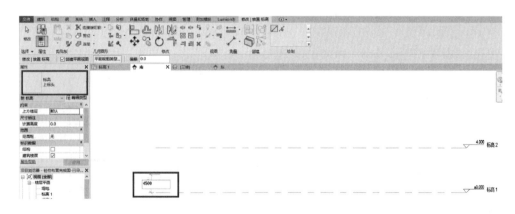

图 6-18 确定标高起点

将鼠标指针移动至另一侧，单击与"标高 1"另一个端点对齐的位置，可确定标高的另一个端点，"标高 3"创建完成，如图 6-19 所示。

图 6-19 "标高 3"创建完成

选择"标高 3",单击标高端点处的"标高 3",可对标高的名称进行修改,在这里修改名称为"桩底标高",单击空白位置,弹出"是否希望重命名相应视图?"的窗口,如图 6-20 所示。单击"是"按钮,可以看到,标高的名称已修改为"桩底标高",同时视图名称也发生了相应的更改,如图 6-21 所示。

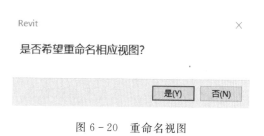

图 6-20 重命名视图

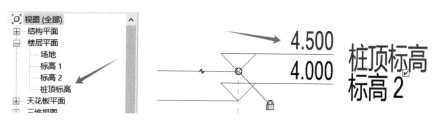

图 6-21 标高与视图命名完成

Revit 在设计时具有联动性,也可以通过修改视图名称来修改标高名称。方法是在楼层平面中,将光标移动至"标高 1"点击弹出对话框,选择"重命名",对视图名称进行修改(图 6-22),弹出的视图命名窗口修改名称为"零点标高",单击"确定"按钮。

在"是否希望重命名应用标高和视图?"(图 6-23)窗口中单击"是"按钮,标高的名称和视图的名称均会修改为"零点标高"(图 6-24)。

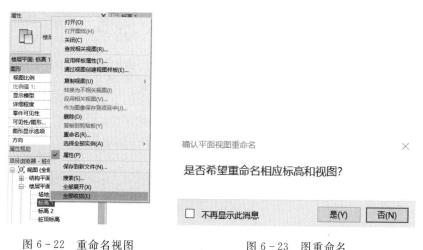

图 6-22 重命名视图　　　　　图 6-23 图重命名

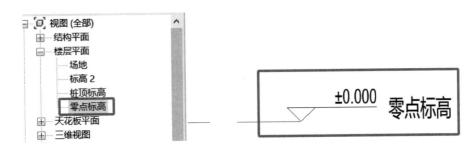

图 6-24　标高 1 重命名完成

依次根据"工作平台断面图",通过复制或绘制工具完成工作平台桩底标高(-56.500)、分段标高(-24.000)、工作平台桩帽顶(6.300)、工作平台(8.500)4 个标高的创建。完成图如图 6-25 所示。

　　2. 创建"楼层平面"视图

　　在"视图"选项卡"创建"面板中单击"平面视图"按钮,可以为项目创建楼层平面、天花板投影平面、结构平面等视图,在这里选择"楼层平面"创建楼层平面视图,如图 6-26 所示。

　　在弹出的"新建楼层平面"对话框中选择所有未创建楼层平面的标高,单击"确定"按钮,即可创建相应的楼层平面视图,如图 6-27 所示。

　　创建完成后,"项目浏览器"中将出现新创建的视图列表,并自动切换至最后一个楼层平面视图,如图 6-28 所示。左上角"另存为",保存至"工作平台"文件夹,命名为"工作平台"。

8.500　工作平台

6.300　工作平台桩帽顶

4.500　工作平台桩顶标高

±0.000　零点标高

图 6-25　标高绘制完成

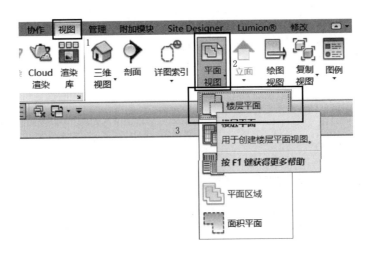

图 6-26　创建楼层平面

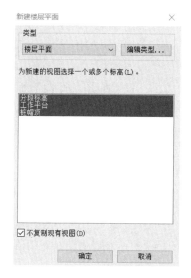

图 6-27　新建楼层平面　　　　　　图 6-28　切换至"零点标高"

6.2.2　创建轴网

1. 绘制水平轴网

（1）"打开"上一节制作的"工作平台"项目文件，切换至"零点标高"楼层平面，选择"建筑"选项卡，基准面板的 轴网工具自动切换至"修改｜放置 轴网"选项卡，进入轴网放置状态，如图 6-29 所示。

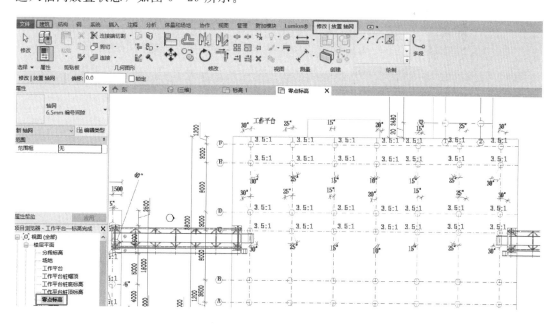

图 6-29　轴网放置初始界面

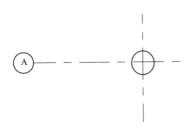

图6-30 A号轴线初次绘制完成

（2）选择"属性"面板中的轴网类型为"轴网—6.5mm编号"，"绘制"面板中轴网绘制方式为"拾取线"，拾取"A—A"轴线，如图6-30所示，默认编号从1开始。

（3）修改"A—A"轴线"属性"面板中的"名称"，如图6-31所示。改"1"为"A"。进入"编辑类型"界面，如图6-32所示，将"平面视图轴号端点"均勾选。临时隐藏已导入的图纸，结果如图6-33所示。

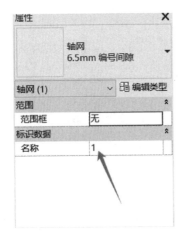

图6-31 "A—A"轴线"属性"面板

图6-32 "类型属性"修改

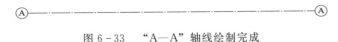

图6-33 "A—A"轴线绘制完成

（4）依次拾取B～F轴线，临时隐藏已导入的图纸，如图6-34所示。

图6-34 水平轴线绘制完成

2. 绘制竖直轴网

（1）在"建筑"选项卡的"基准"面板中单击"轴网"工具，继续使用"绘制"面板中的"拾取线"方式,沿图纸水平方向拾取第一条竖直轴线(图 6-35),自动命名为"H",如前面相同操作修改为 1 号轴线,临时隐藏已导入的图纸,则绘制完成,如图 6-36 所示。

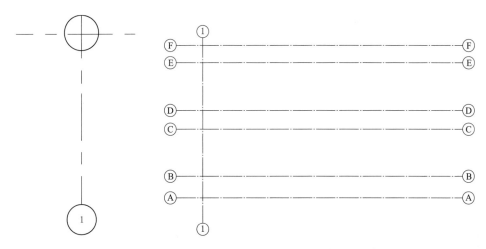

图 6-35 第一条竖直轴线　　　　　图 6-36 1 号轴线绘制完成

(2)依次拾取 2~7 号轴线,临时隐藏已导入的图纸,如图 6-37 所示,所有轴网创建完成。左上角"保存",名为"工作平台-标高轴网完成"。

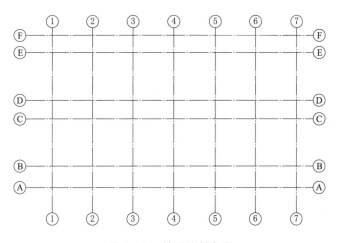

图 6-37 轴网绘制完成

6.3 布 置 结 构 桩

根据"工作平台断面图"与"码头平立面图",Φ1000 钢管桩属于工作平台的桩族,如图 6-38 所示,经 6.1.2 节补充完善,Φ1000 钢管桩在工作平台项目中将分别布置垂直桩与倾斜桩。

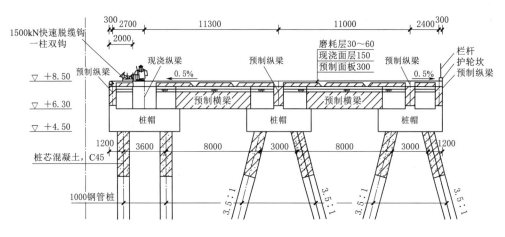

图 6 - 38   "Φ1000 钢管桩"布置示意图

6.3.1   布置垂直桩

（1）打开上一节创建的"工作平台-标高轴网完成"项目文件，通过"移动"工具将"桩位布置图"移动至"工作平台桩顶标高"。

（2）载入"Φ1000 钢管桩"，如图 6 - 39 所示。在"项目浏览器"中展开"楼层平面"视图类别，双击"工作平台桩顶标高"切换至 工作平台桩顶标高楼层平面视图，在"插入"选项卡下，点击"载入族"，选择文件夹"工作平台"中的"Φ1000 钢管桩"，最后单击"打开"，载入族步骤完成。

图 6 - 39   载入"Φ1000 钢管桩"

（3）布置"Φ1000 钢管桩"。如图 6-40 所示，点击"建筑"选项卡，选择"柱"，下拉选择"结构柱"，进入"修改｜放置 结构柱"，在"属性"面板会自动跳出刚刚载入的"Φ1000 钢管桩"。

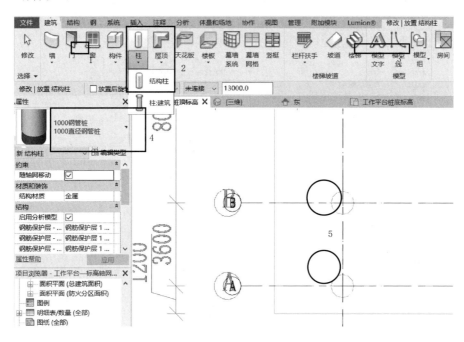

图 6-40 "修改｜放置 结构柱"选项卡

（4）如图 6-41 所示，在"放置"选项卡下，选择"垂直柱"，在图 6-40 所示位置完成放置。

图 6-41 选择"放置垂直柱"

（5）如图 6-42 所示，若出现警告报错，需要在"属性"中调节"视图范围"，如图 6-43 所示，点击"编辑"，进入"视图范围"对话框，将"偏移量"左侧均改为"无限制"，如图 6-44 所示，第（4）步的垂直桩可见。

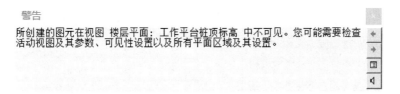

图 6-42 警告报错

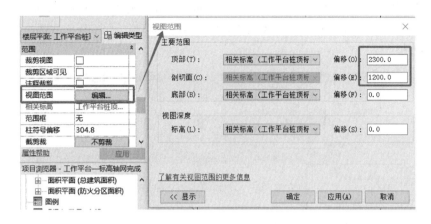

图 6-43 "视图范围" 对话框

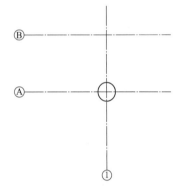

图 6-44 垂直桩可见

（6）确保放置的第一根桩的"底部标高"为"工作平台桩底标高"，"顶部标高"为"工作平台桩顶标高"，如图 6-45 所示。切换至"东"立面视图，标注"分段标高"与"工作平台桩顶标高"之间的距离并参数化，命名为"上半段"，如图 6-46 所示。选择刚刚布置的"Φ1000 钢管桩"，"属性"面板点击"编辑属性"，进入"类型属性"对话框，选择后方小方块，将"上半段—La"与刚刚制作的参数"上半段"相关联（图 6-47）。可以在"分段标高"处发现上下段细微区别，如图 6-48 所示，说明参数化设置成功。

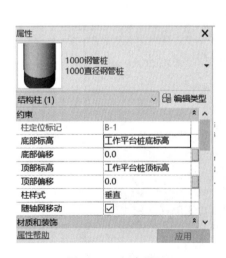

图 6-45 标高设置

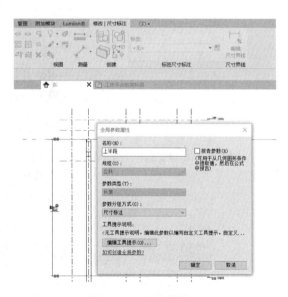

图 6-46 参数化设置

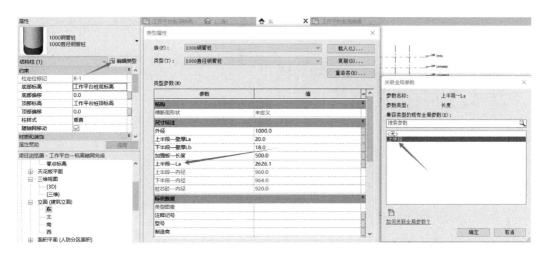

图 6-47　关联族参数

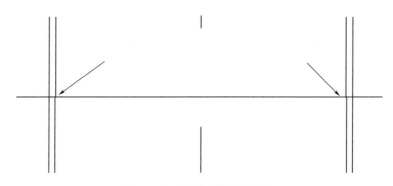

图 6-48　上下半段半径不同

（7）复制上一步骤的垂直柱完成所有垂直桩的布置，切换"三维视图"，调整合适的角度，将"详细程度"调整为"精细"，"视觉样式"改为"真实"，并且临时隐藏某些图元，结果如图 6-49 所示。

6.3.2　布置倾斜桩

（1）倾斜桩的布置不需要重复载入族，点击"建筑"选项卡，选择"柱"，下拉选择"结构柱"，进入"修改｜放置 结构柱"，选择"放置倾斜柱"，选择"第一次点击"为"工作平台桩顶标高"，"第二次点击"为"工作平台桩底标高"，如图 6-50 所示。

（2）布置倾斜桩，根据背景"桩基平面图"旋转对应的角度和高度，如图 6-51 所示，角度应当旋转"30°"，高度应为最小高度"61100.0"。

（3）依次完成其他倾斜桩的布置，切换"三维视图"，调整合适的角度，将"详细程度"调整为"精细"，"视觉样式"改为"真实"，并且临时隐藏某些图元，结果如图 6-52 所示。

图 6-49　垂直柱布置完成

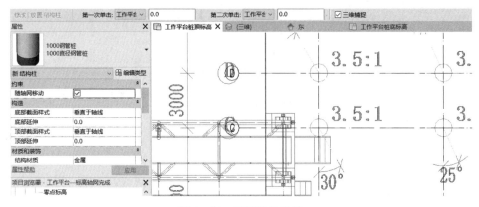

图 6 - 50 倾斜桩的设置

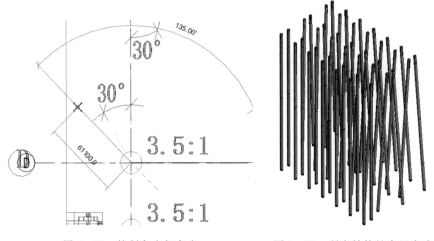

图 6 - 51 控制角度与高度　　　　图 6 - 52 所有结构桩布置完成

6.4 布 置 桩 帽

根据"工作平台桩帽布置图"与"工作平台断面图",工作平台桩帽布置如图 6 - 53 所示,布置 ZM01、ZM02、ZM03 三种桩帽。首先与"Φ1000 钢管桩"的载入相同,将所需用的桩帽模型载入本项目。

6.4.1 布置 ZM01

(1)点击"建筑"选项卡,选择"构件",下拉选择"放置构件",进入"修改｜常规模型","属性"面板会自动跳出刚刚载入的"ZM01",如图 6 - 54 所示。

(2)ZM01 的当前位置如图 6 - 55 所示,调整"ZM01"的位置与角度。调整完成后如图 6 - 56 所示。

(3)复制当前 ZM01 完成所有 ZM01 模型的布置,切换"三维视图",调整合适的角度,将"详细程度"调整为"精细","视觉样式"改为"真实",并且临时隐藏某些图元,结果如图 6 - 57 所示。

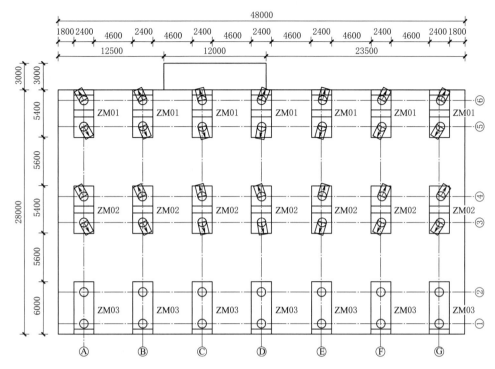

图 6-53 工作平台桩帽布置图

图 6-54 放置构件

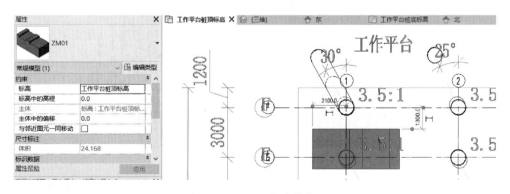

图 6-55 ZM01 的当前位置

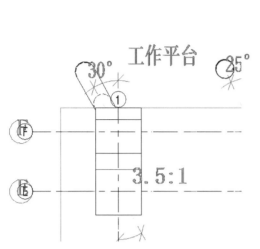

图 6-56　1 块 ZM01 布置完成　　　图 6-57　ZM01 布置完成

6.4.2　布置 ZM02

重复 6.4.1 节的步骤完成 ZM02 的布置，切换"三维视图"，调整合适的角度，将"详细程度"调整为"精细"，"视觉样式"改为"真实"，并且临时隐藏某些图元，结果如图 6-58 所示。

6.4.3　布置 ZM03

重复 6.4.1 节的步骤完成 ZM03 的布置，切换"三维视图"，调整合适的角度，将"详细程度"调整为"精细"，"视觉样式"改为"真实"，并且临时隐藏某些图元，结果如图 6-59 所示。

图 6-58　ZM02 布置完成　　　图 6-59　ZM03 布置完成

6.5 布 置 梁

根据"工作平台断面图"与"工作平台梁板布置图"（图6-60和图6-61），以及5.3节创建的工作平台的梁族，本项目包含的梁有预制纵梁—600mm×1500mm、预制纵梁—800mm×1500mm、现浇纵梁—2000mm×1750mm、T型横梁—2200mm×1750mm。首先将所有工作平台所用的梁导入。根据图纸要求，纵梁数量较多，规模较大，选择先布置纵梁。

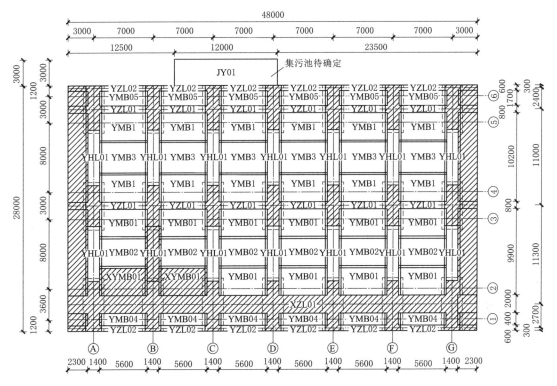

图6-60 工作平台梁板布置图

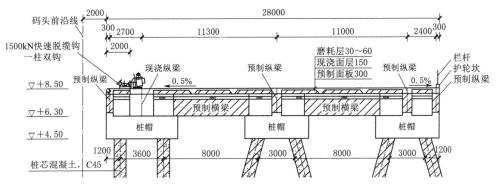

图6-61 工作平台断面图

6.5.1 布置预制纵梁—600×1500

（1）切换至"工作平台桩帽顶"楼层平面视图，点击"结构"选项卡，选择"结构"，选择"梁"，进入"修改｜放置 梁"，"属性"面板会自动跳出刚刚载入的"预制纵梁—600×1500"，如图 6-62 所示。

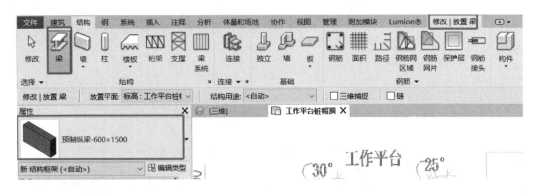

图 6-62 放置梁

（2）预制纵梁—600×1500 的当前位置如图 6-63 所示，随意放置"预制纵梁—600×1500"的位置，但需保证纵梁横跨距离应为工作平台的纵向长度。

（3）根据 5.3 节 ZM01 的尺寸以及 5.2 节预制纵梁—600×1500 的模型创建标高，最终确定在"属性"面板调整"Z轴偏移值"为"1750.0"，如图 6-64 所示，并将预制纵梁—600×1500 移动至如图 6-60 所示的位置。调整完成后如图 6-65 所示。

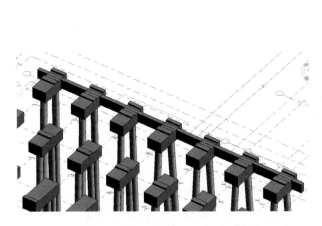

图 6-63 预制纵梁—600×1500 的当前位置

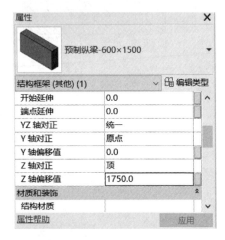

图 6-64 "Z轴偏移值"设置

（4）根据"工作平台梁板布置图"，复制当前预制纵梁—600×1500 完成所有预制纵梁—600×1500 模型的布置，切换"三维视图"，调整合适的角度，将"详细程度"调整为"精细"，"视觉样式"改为"真实"，并且临时隐藏某些图元，结果如图 6-66 所示。

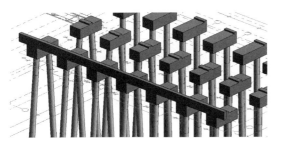

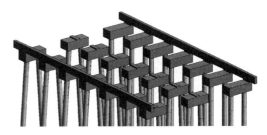

图 6-65 1 根 "预制纵梁—600×1500" 创建完成　　图 6-66 预制纵梁—600×1500 布置完成

6.5.2 布置预制纵梁—800×1500

重复 6.5.1 节的步骤完成预制纵梁—800×1500 的布置，切换 "三维视图"，调整合适的角度，将 "详细程度" 调整为 "精细"，"视觉样式" 改为 "真实"，并且临时隐藏某些图元，结果如图 6-67 所示。

6.5.3 布置现浇纵梁—2000×1750

重复 6.5.1 节的步骤完成现浇纵梁—2000×1750 的布置，切换 "三维视图"，调整合适的角度，将 "详细程度" 调整为 "精细"，"视觉样式" 改为 "真实"，并且临时隐藏某些图元，结果如图 6-68 所示。

图 6-67 预制纵梁—800×1500 布置完成　　图 6-68 现浇纵梁—2000×1750 布置完成

6.5.4 布置 T 型横梁—2200×1750

（1）切换至 "工作平台桩帽顶" 楼层平面视图，点击 "结构" 选项卡，选择 "结构"，选择 "梁"，进入 "修改｜放置 梁"，"属性" 面板会自动跳出刚刚载入的 "T 型横梁—2200×1750"，如图 6-69 所示。

图 6-69 放置 T 型横梁—2200×1750

（2）T 型横梁－2200×1750 的当前位置如图 6-70 所示，随意放置"T 型横梁－2200×1750"的位置，但需保证纵梁横跨距离应为工作平台的横向长度。

（3）根据 5.3 节的 ZM01、ZM02、ZM03 的尺寸以及 5.2 节的 T 型横梁－2200×1750 的模型创建标高，最终确定在"属性"面板调整"Z 轴偏移值"为"1750.0"，如图 6-71 所示，并将 T 型横梁－2200×1750 移动至如图 6-60 所示的位置。调整完成后如图 6-72 所示。

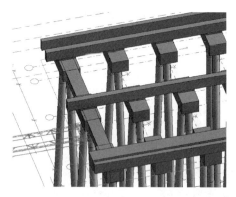

图 6-70 T 型横梁－2200×1750 的当前位置　　　图 6-71 "Z 轴偏移值"设置

（4）根据"工作平台梁板布置图"，复制当前 T 型横梁－2200×1750 完成所有 T 型横梁－2200×1750 模型的布置，切换"三维视图"，调整合适的角度，将"详细程度"调整为"精细"，"视觉样式"改为"真实"，并且临时隐藏某些图元，结果如图 6-73 所示。

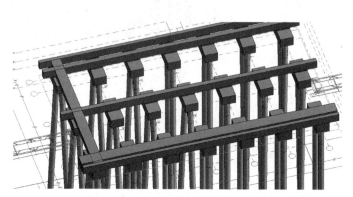

图 6-72 1根"T 型横梁－2200×1750"创建完成　　　图 6-73 T 型横梁－2200×1750 布置完成

6.6　工作平台面板绘制与布置

根据"工作平台断面图"（图 6-61），工作平台面板包括磨耗层 30～60、现浇面层 150、预制面板 300，根据 6.5 节布置的所有梁，目前的工作平台高程为 8.05m，根据图纸实际还余有 450 的高度，仅满足现浇面层和预制面板，因此为满足图纸要求，保留磨耗层。取磨耗层高度为 50。工作平台总高度为 500，包括磨耗层 50、现浇面板 150、预制面板 300，接下来开始绘制工作平台面板。

（1）进入"工作平台"楼层平面视图。在"建筑"选项卡的"楼板"下拉列表中选择"楼板：结构"，如图 6 - 74 所示。进入"修改｜创建楼层边界"选项卡，在"绘制"面板的"边界线"中选择"直线"工具绘制楼板边界，如图 6 - 75 所示。

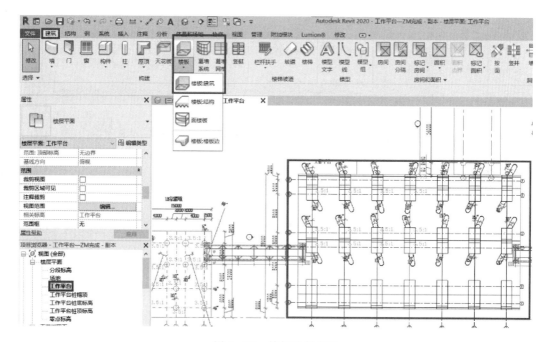

图 6 - 74　楼板绘制步骤

图 6 - 75　"工作平台"面板绘制

（2）在"属性"面板中可以看到系统提供的"楼板－常规－150mm"，单击"属性"面板中的"编辑类型"按钮，打开墙"类型属性"对话框。单击类型列表后的"复制"按钮，在"名称"对话框中输入"工作平台面板"作为新类型名称，单击"确定"按钮返回"类型属性"对话框，如图 6 - 76 所示。

（3）单击"构造"中"结构"参数后边的"编辑"按钮，根据"磨耗层 50.0，现浇面板 150.0，预制面板 300.0"按图 6 - 77 进行设置。

（4）绘制如图 6 - 74 所示的工作平台面板轮廓，点击"确定"完成绘制，切换"三维视图"，调整合适的角度，将"详细程度"调整为"精细"，"视觉样式"改为"真实"，并且临时隐藏某些图元，结果如图 6 - 78 所示。所有的工作平台模型及过程文件已保存在"工作平台"文件夹中，如图 6 - 79 所示。

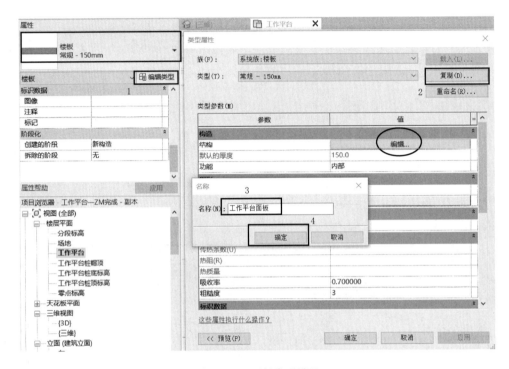

图 6 - 76　面板类型设置

图 6 - 77　面板结构参数设置

图 6-78　面板创建完成

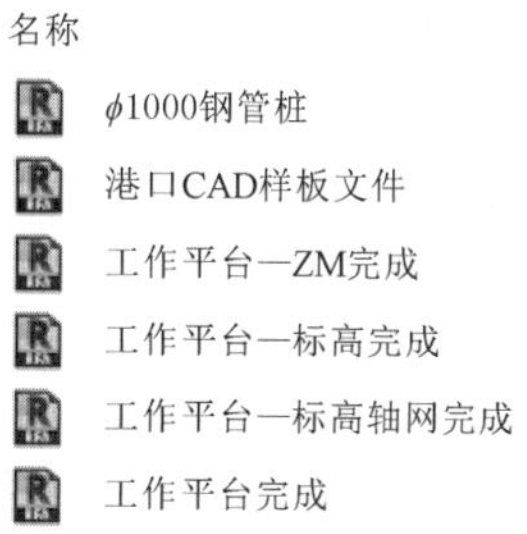

名称

Ⓡ φ1000钢管桩

Ⓡ 港口CAD样板文件

Ⓡ 工作平台—ZM完成

Ⓡ 工作平台—标高完成

Ⓡ 工作平台—标高轴网完成

Ⓡ 工作平台完成

图 6-79　工作平台模型及过程
文件保存完成

第7章 靠 船 墩

靠船墩的主要作用如下：

（1）提供船只靠泊的支撑和固定。靠船墩是码头上用来固定船只的结构，船只可以通过系绳或缆绳与靠船墩相连，确保船只在波涛汹涌的海洋中不会漂移或漂离码头。

（2）保护码头和船只免受海浪和风浪的冲击。靠船墩能够减轻海浪和风浪对码头和船只的冲击，保护码头和船只的安全。

（3）方便船只进出港口。靠船墩可以帮助船只在进出港口时更容易地靠泊和离港，提高了港口的运输效率。

图 7-1 "靠船墩"文件夹

（4）提供装卸货物的支撑。靠船墩可以作为装卸货物的支撑点，方便货物的装卸作业，提高了码头的货运效率。

本项目为原油码头，原油码头装卸过程中以管道运输为主，靠船墩仅需发挥靠船和一些辅助原油船舶的停泊作用。靠船墩上一般有消防炮、橡胶护舷、钢爬梯、快速脱缆钩等附属设施。在"某原油码头的 BIM 建模"所在的文件夹内，新建一个文件夹，命名为"靠船墩"，如图 7-1 所示。

7.1 创 建 准 备

7.1.1 立面修正

建立模型前，先根据本项目中的所有工程图纸查阅所需建立的模型的尺寸、定位、属性等信息，保证模型创建的正确性。查阅"码头平立面图""靠船墩断面图""桩位布置图"等图纸，本项目所需创建靠船墩个数共计两个，即 1# 靠船墩与 2# 靠船墩，两座靠船墩平台断面形状完全一致，仅需完成 1# 靠船墩模型的创建，再复制 1# 靠船墩模型至如图 7-2 所示的位置，即可完成两座靠船墩的建模。

打开 6.1 节创建的"港口 CAD 样板文件"，如图 7-3 所示。使用"移动"工具，将图 7-3 中的四个立面移动至 1# 靠船墩的四边，如图 7-4 所示。左上角"另存为"，命名为"靠船墩"。

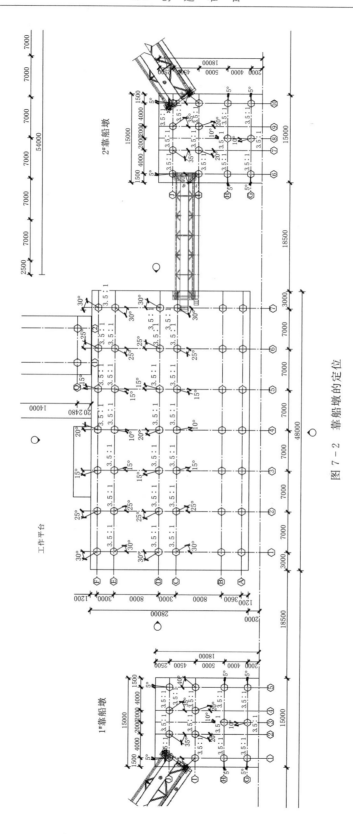

图 7-2 靠船墩的定位

135

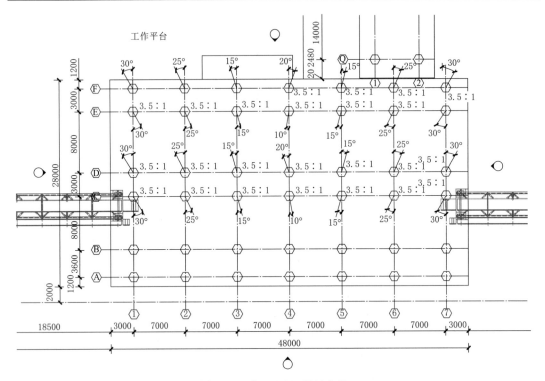

图 7-3 港口 CAD 样板文件

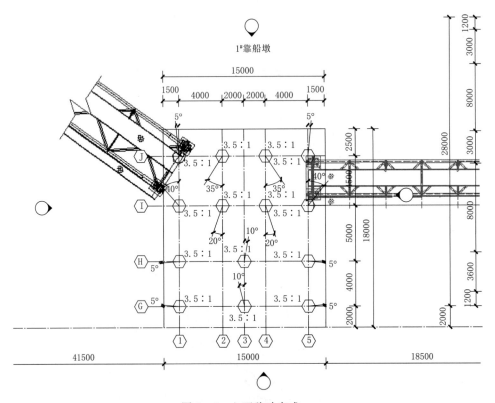

图 7-4 立面移动完成

7.1.2 φ1400 钢管桩完善

在 5.2 节中已经完成了 φ1400 钢管桩的建模，查阅"靠船墩断面图"，在"φ1400 钢管桩"桩模型中还需增加如图 7-5 所示的桩芯混凝土模型。

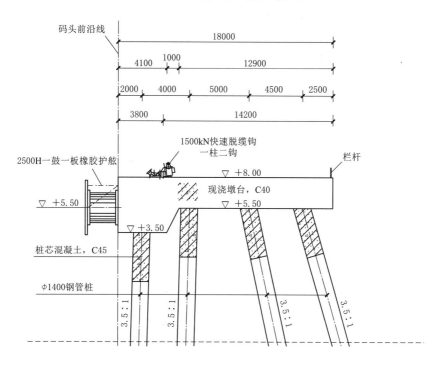

图 7-5 φ1400 桩芯混凝土示意图

在 6.1 节"φ1000 钢管桩"模型的基础上，只要修改部分参数即可实现建模。打开文件"φ1400 钢管桩"，进入左上角组参数，修改"外径"为"1400.0"，如图 7-6 所示。切换"三维视图"，"详细程度"改为"精细"，"视觉样式"改为"着色"，φ1400 钢管桩创建完成，如图 7-7 所示，进入左上角"保存"，保存命名为"φ1400 钢管桩"。如图 7-8所示，φ1400 钢管桩已保存在"靠船墩"文件夹中。

尺寸标注			
外径	1400.0	=	☐
上半段—壁厚La	20.0	=	☐
下半段—壁厚Lb	18.0	=	☐
加强板—长度	500.0	=	☐
上半段—La	2626.1	=	☐
上半段—内径	1360.0	=外径 - 2 * 上半段—壁厚	☐
下半段—内径	1364.0	=外径 - 2 * 下半段—壁厚	☐
桩芯混凝土—内径	1320.0	=上半段—内径 - 2 * 上半	☐

图 7-6 φ1400 钢管桩参数及公式

名称
- φ1400钢管桩
- 港口CAD样板文件
- 靠船墩

图 7 - 7 φ1400 钢管桩创建完成 　　　图 7 - 8 靠船墩创建准备完成

7.2 创建标高与轴网

7.2.1 创建标高

打开"靠船墩"项目，切换至任意立面视图，可以看到视图中已经创建了"标高 1""标高 2"2 个默认标高，在楼层平面中也默认创建了相应的视图，如图 7 - 9 所示，接下来可创建项目标高。

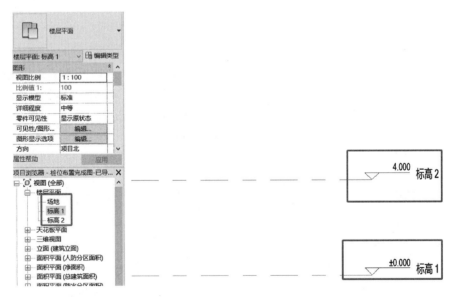

图 7 - 9 默认标高

由"靠船墩断面图"，靠船墩需要 5 个标高，自下而上分别为靠船墩桩底标高、分段标高、零点标高、靠船墩前排桩顶、靠船墩后排桩顶。与此同时保留"标高 1"所处的0.000 标高。

138

可以通过复制现有标高来创建标高，选中"标高 2"，选择"复制"工具，进行任意复制，新生成的标高为"5800.0 标高 3"，在"属性"选项卡内有"标高 3"的若干属性信息，如图 7-10 所示，可以直接修改"立面 5800.0"为"立面 3.500"，"名称 标高 3"为"名称 靠船墩前排桩顶"，结果如图 7-11 所示，标高"靠船墩前排桩顶 3.500"绘制完成。

图 7-10 "标高 3"属性设置 图 7-11 "靠船墩前排桩顶 3.500"绘制完成

依次根据"靠船墩断面图"，通过绘制或复制标高完成靠船墩桩底标高（-55.000）、分段标高（-24.000）、零点标高（0.000）、靠船墩后排桩顶（5.500）、靠船墩（8.000）5 个标高的创建。完成图如图 7-12 所示。

在"视图"选项卡"创建"面板中单击"平面视图"按钮，可以为项目创建楼层平面、天花板投影平面、结构平面等视图，在这里选择"楼层平面"创建楼层平面视图，结果如图 7-13 所示。

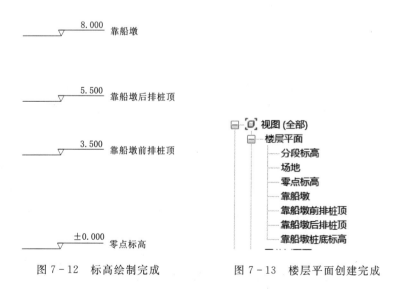

图 7-12 标高绘制完成 图 7-13 楼层平面创建完成

7.2.2　创建轴网

1. 绘制水平轴网

（1）"打开" 7.1 节制作的"工作平台"项目文件，切换至"零点标高"楼层平面，选择"建筑"选项卡，基准面板的⌗轴网工具自动切换至"修改｜放置 轴网"选项卡，进入轴网放置状态，如图 7-14 所示。

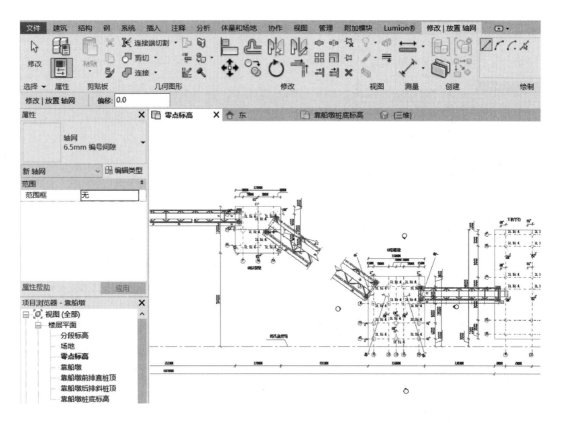

图 7-14　轴网放置初始界面

（2）选择"属性"面板中的轴网类型为"轴网 6.5mm 编号间隙"，"绘制"面板中轴网绘制方式为"拾取线"，拾取"G—G"轴线，如图 7-15 所示，默认编号从 1 开始。

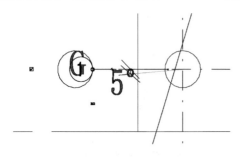

图 7-15　G 号轴线初次绘制完成

（3）修改"G—G"轴线的"属性"面板中的"名称"，如图 7-16 所示，改"1"为"G"。进入"编辑类型"界面，如图 7-17 所示，将"平面视图轴号端点"均勾选。临时隐藏已导入的图纸，则"G—G"轴线绘制完成，如图 7-18 所示。

（4）依次拾取 H～J 轴线，临时隐藏已导入的图纸，如图 7-19 所示。

图 7-16 "G—G"轴线"属性"面板

图 7-17 "类型属性"修改

图 7-18 "G—G"轴线绘制完成

2. 绘制竖直轴网

(1) 在"建筑"选项卡的"基准"面板中单击"轴网"工具,继续使用"绘制"面板中的"拾取线"方式,沿图纸水平方向拾取第一条竖直轴线(图 7-20),自动命名为"K",如前面相同操作修改为 1 号轴线,临时隐藏已导入的图纸,则绘制完成,如图 7-21 所示。

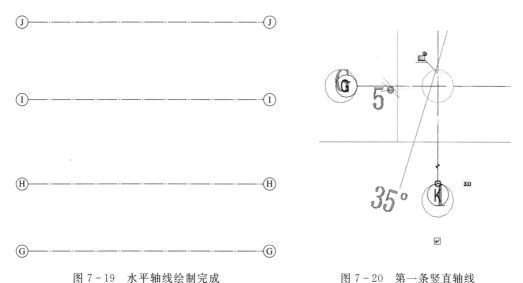

图 7-19 水平轴线绘制完成   图 7-20 第一条竖直轴线

(2) 依次拾取 $2^\#$～$5^\#$ 轴线,临时隐藏已导入的图纸,如图 7-22 所示,所有轴网创建完成。左上角"保存",名为"靠船墩-标高轴网完成"。

141

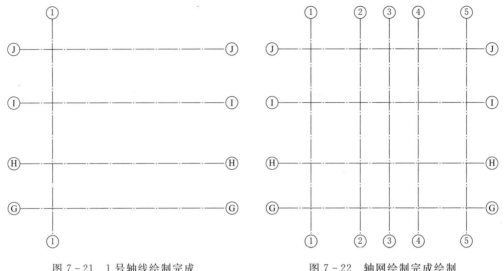

<table>
<tr><td>图 7 - 21 1 号轴线绘制完成</td><td>图 7 - 22 轴网绘制完成绘制</td></tr>
</table>

7.3 布 置 倾 斜 桩

根据"靠船墩断面图"与"码头平立面图"，Φ1400 钢管桩属于靠船墩的桩族，如图 7 - 23 所示，经 7.1.2 节补充完善，Φ1400 钢管桩在靠船墩项目中将布置倾斜桩。

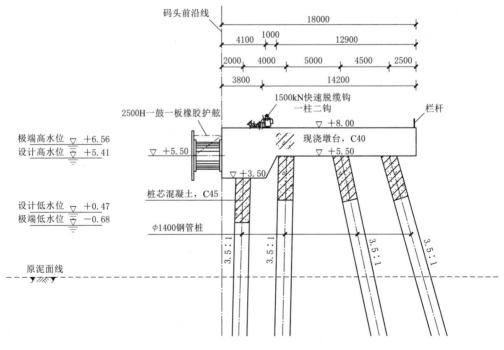

图 7 - 23 "Φ1400 钢管桩"布置示意图

（1）载入"Φ1400 钢管桩"，如图 7 - 24 所示，在"项目浏览器"中展开"楼层平面"

视图类别,双击"靠船墩桩顶标高"切换至靠船墩桩顶标高楼层平面视图,在"插入"选项卡下,点击"载入族",选择文件夹"靠船墩"中的"Φ1400钢管桩",最后单击"打开",载入族步骤完成。

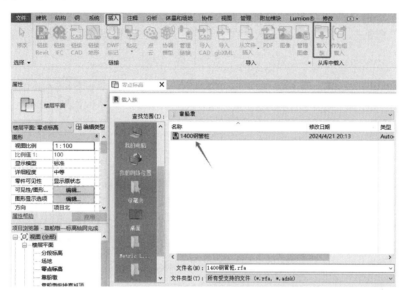

图 7-24 载入"Φ1400 钢管桩"

(2)点击"建筑"选项卡,选择"柱",下拉选择"结构柱",进入"修改|放置 结构柱",选择"放置倾斜柱",布置前排桩时选择"第一次单击"为"靠船墩前排桩顶","第二次单击"为"靠船墩桩底标高",如图 7-25 所示,布置后排桩时选择"第一次单击"为"靠船墩后排桩顶","第二次单击"为"靠船墩桩底标高"。

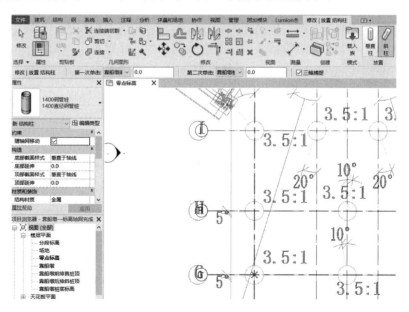

图 7-25 倾斜桩的设置

（3）布置倾斜桩，根据背景"桩基平面图"，旋转对应的角度和高度，如图7-26所示，角度应当旋转"5°"，高度应为最小高度"58600.0"，布置后排桩时最小高度为"60600.0"。

（4）依次完成其他倾斜桩的布置，切换"三维视图"，调整合适的角度，将"详细程度"调整为"精细"，"视觉样式"改为"真实"，并且临时隐藏某些图元，结果如图7-27所示。

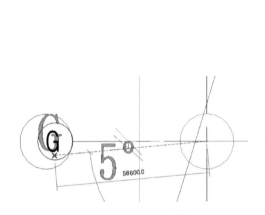

图7-26 控制角度与高度

图7-27 所有结构桩布置完成

7.4 布置靠船墩墩台

根据靠船墩墩台位置示意图（图7-28），以及5.5节创建的靠船墩墩台的模型。布置靠船墩墩台前需要将靠船墩墩台模型导入。

（1）切换至"靠船墩前排桩顶"楼层平面视图，点击"建筑"选项卡，选择"构件"，下拉选择"放置构件"，进入"修改 | 常规模型"，在"属性"面板会自动跳出刚刚载入的"靠船墩墩台"，放置构件如图7-29所示。

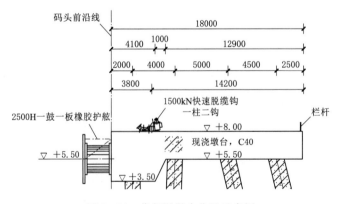

图7-28 靠船墩墩台位置示意图

图7-29 放置构件

（2）靠船墩墩台的当前位置如图 7-30 所示，调整"靠船墩墩台"的位置，调整完成后切换"三维视图"，调整合适的角度，将"详细程度"调整为"精细"，"视觉样式"改为"真实"，并且临时隐藏某些图元，结果如图 7-31 所示。

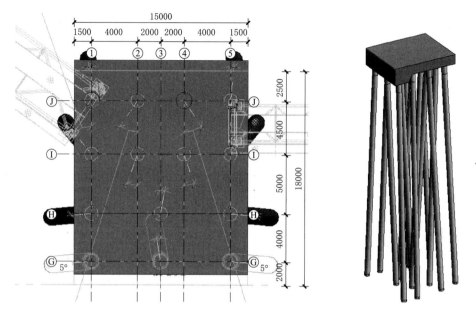

图 7-30　靠船墩墩台的当前位置　　　　图 7-31　1# 靠船墩创建完成

（3）如图 7-32 所示，切换至"靠船墩"楼层平面视图，选择刚刚创建的 1# 靠船墩，选择"复制"工具，选择合适的基点，复制生成 2# 靠船墩。

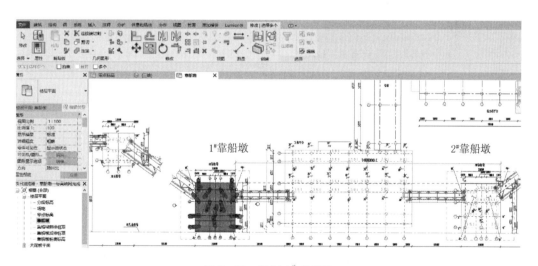

图 7-32　复制 1# 靠船墩

（4）切换"三维视图"，调整合适的角度，将"详细程度"调整为"精细"，"视觉样式"改为"真实"，并且临时隐藏某些图元，结果如图 7-33 所示。所有的靠船墩模型及过程文件已保存在"靠船墩"文件夹中，如图 7-34 所示。

名称

📄 φ1400钢管桩

📄 港口CAD样板文件

📄 靠船墩

📄 靠船墩—标高轴网完成

📄 靠船墩墩台

📄 靠船墩—完成

图 7 - 33　靠船墩模型创建完成　　　　图 7 - 34　靠船墩模型及过程文件保存完成

第8章 系 缆 墩

系缆墩主要有以下作用：

（1）提供船只靠泊的支撑和固定。系缆墩是码头上用来固定船只的结构，船只可以通过系绳或缆绳与系缆墩相连，确保船只在波涛汹涌的海洋中不会漂移或漂离码头。

（2）保护码头和船只免受海浪和风浪的冲击。系缆墩能够减轻海浪和风浪对码头和船只的冲击，保护码头和船只的安全。

（3）方便船只进出港口。系缆墩可以帮助船只在进出港口时更容易地靠泊和离港，提高了港口的运输效率。

（4）提供装卸货物的支撑。系缆墩可以作为装卸货物的支撑点，方便货物的装卸作业，提高了码头的货运效率。

本项目为原油码头，原油码头装卸过程中以管道运输为主，系缆墩仅需发挥系缆和一些辅助原油船舶停泊的作用，系缆墩上一般有钢爬梯、快速脱缆钩等附属设施。在"某原油码头的 BIM 建模"所在的文件夹内新建一个文件夹，命名为"系缆墩"，如图 8-1 所示。

图 8-1 "系缆墩"文件夹

8.1 创 建 准 备

8.1.1 立面修正

建立模型前，先根据本项目中的所有工程图纸查阅所需建立的模型的尺寸、定位、属性等信息，保证模型创建的正确性。查阅"码头平立面图""系缆墩断面图""桩位布置图"等图纸，本项目所需创建靠船墩个数共计 6 个，即 1#～6# 系缆墩，6 座靠船墩平台中，2#～5# 系缆墩断面形状完全一致，1# 系缆墩与 6# 系缆墩不同，共需创建 3 种系缆墩，其中 2#～5# 系缆墩可以通过创建 1 个系缆墩，复制创建的系缆墩，移动至如图 8-2 完成其余 3 个系缆墩模型的建模。

打开 6.1 节创建的"港口 CAD 样板文件"，如图 8-3 所示。使用"移动"工具，将图 8-3 中的四个立面移动至 1# 系缆墩的四边，如图 8-4 所示。左上角"另存为"，命名为"系缆墩"。

8.1.2 Φ1600 钢管桩完善

在 5.2 节中已经完成了 Φ1600 钢管桩的建模，查阅"系缆墩断面图"，在"Φ1600 钢管桩"桩模型中还需增加如图 8-5 所示的桩芯混凝土模型。

147

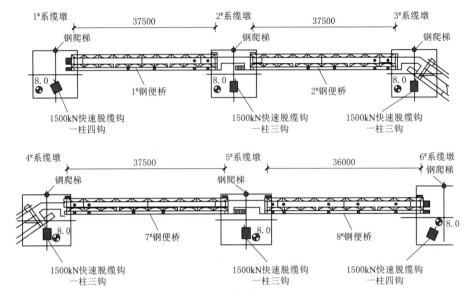

图 8 - 2 系缆墩的定位

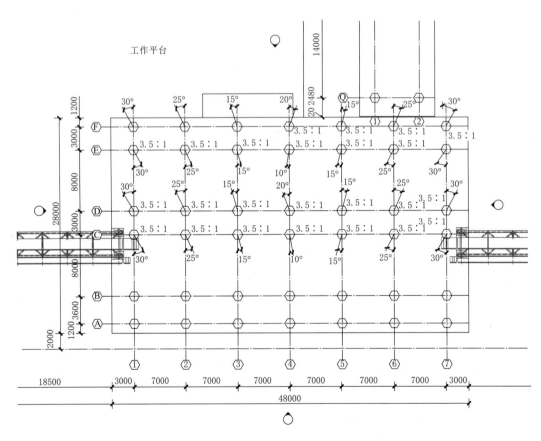

图 8 - 3 港口 CAD 样板文件

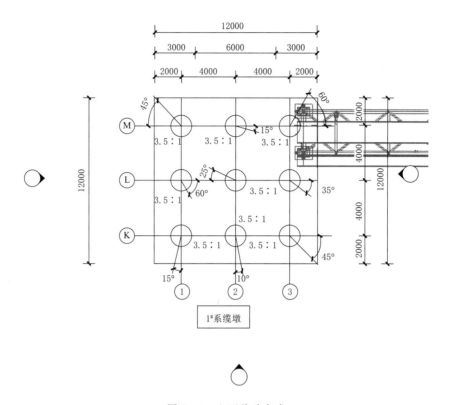

图 8-4 立面移动完成

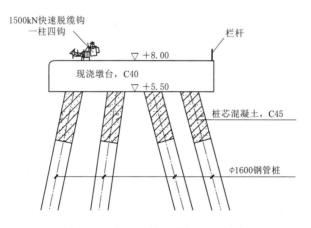

图 8-5 Φ1600 桩芯混凝土示意图

在 7.1.2 节 "Φ1400 钢管桩" 模型的基础上，只要修改部分参数即可实现建模。打开文件 "Φ1400 钢管桩"，进入左上角组参数，修改 "外径" 为 "1600.0"，壁厚均加大 2，如图 8-6 所示。切换 "三维视图"，"详细程度" 改为 "精细"，"视觉样式" 改为 "着色"，Φ1600 钢管桩，创建完成，如图 8-7 所示，进入左上角 "保存"，保存命名为 "Φ1600 钢管桩"。系缆墩所需的项目与族已保存在 "系缆墩" 文件夹中，如图 8-8 所示。

参数	值	公式	锁定
材质和装饰			∨
尺寸标注			∧
外径	1600.0	=	☐
上半段—壁厚La	22.0	=	☐
下半段—壁厚Lb	20.0	=	☐
加强板—长度	500.0	=	☐
上半段—La	2626.1	=	☐
上半段—内径	1556.0	=外径 - 2 * 上半段—壁厚	☐
下半段—内径	1560.0	=外径 - 2 * 下半段—壁厚	☐
桩芯砼—内径	1512.0	=上半段—内径 - 2 * 上半	☐

图 8-6 Φ1600 钢管桩参数及公式

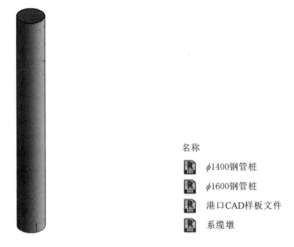

名称

🅁 φ1400钢管桩

🅁 φ1600钢管桩

🅁 港口CAD样板文件

🅁 系缆墩

图 8-7 Φ1600 钢管桩创建完成   图 8-8 系缆墩创建准备完成

8.2 创建标高与轴网

8.2.1 创建标高

打开"系缆墩"项目，切换至任意立面视图，可以看到视图中已经创建了"标高 1""标高 2"两个默认标高，在"楼层平面"中也默认创建了相应的视图，如图 8-9 所示，接下来可创建项目标高。

由"系缆墩断面图"，系缆墩需要 4 个标高，自下而上分别为系缆墩桩底标高、分段标高、系缆墩桩顶标高、系缆墩。与此同时保留"标高 1"所处的 0.000 标高。

可以通过复制现有标高来创建标高，选中"标高 2"，选择"复制"工具，进行任意复制，新生成的标高为"8000.0 标高 3"，在"属性"选项卡内有标高 3 的若干属性信息，如图 8-10 所示，可以直接修改"名称 标高 3"为"名称 系缆墩"。结果如图 8-11 所示，标高"系缆墩 8000.0"绘制完成。

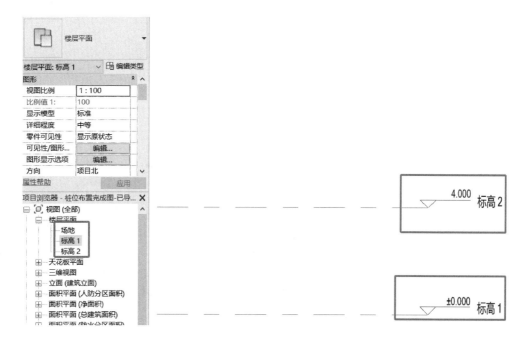

图 8-9 默认标高

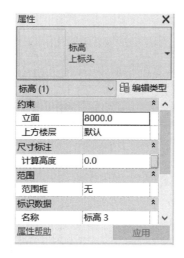

图 8-10 "标高 3"属性设置

图 8-11 "系缆墩 8.000"绘制完成

依次根据"系缆墩断面图",通过绘制标高或者复制标高完成系缆墩桩底标高(-53.000)、分段标高(-24.000)、零点标高(0.0)、系缆墩桩顶标高(5.500)4 个标高的创建,则标高绘制完成,如图 8-12 所示。

在"视图"选项卡"创建"面板中单击"平面视图"按钮,可以为项目创建楼层平面、天花板投影平面、结构平面等视图,在这里选择"楼层平面"创建楼层平面视图,结果如图 8-13 所示。

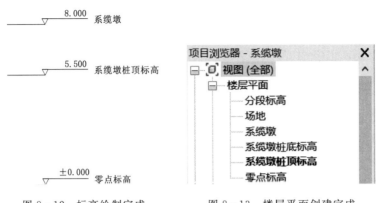

图 8-12 标高绘制完成 　　　图 8-13 楼层平面创建完成

8.2.2 创建轴网

1. 绘制水平轴网

（1）打开 6.1 节制作的"工作平台"项目文件，切换至"零点标高"楼层平面，选择"建筑"选项卡，基准面板的轴网工具自动切换至"修改｜放置轴网"选项卡，进入轴网放置状态，如图 8-14 所示。

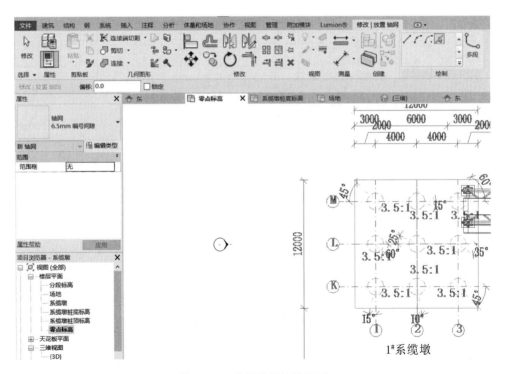

图 8-14 轴网放置初始界面

（2）选择"属性"面板中的轴网类型为"轴网 6.5mm 编号间隙"，"绘制"面板中轴网绘制方式为"拾取线"，拾取"K—K"轴线，如图 8-15 所示，默认编号从 1 开始。

（3）修改"K—K"轴线"属性"面板中的"名称"，如图 8-16 所示。改"1"为"K"。进入"编辑类型"界面，如图 8-17 所示，将"平面视图轴号端点"均勾选。临时隐藏已导入的图纸，结果如图 8-18 所示。

（4）依次拾取 L、M 轴线，临时隐藏已导入的图纸，如图 8-19 所示。

2. 绘制竖直轴网

（1）在"建筑"选项卡的"基准"面板中单击"轴网"工具，继续使用"绘制"面板中的"拾取线"方式，沿图纸水平方向拾取第一条竖直轴线

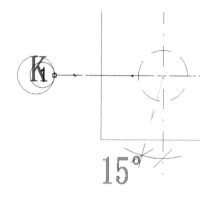

图 8-15　K 号轴线初次绘制完成

（图 8-20），自动命名为"N"，如前面相同操作修改为 1 号轴线，临时隐藏已导入的图纸，则绘制完成，如图 8-21 所示。

图 8-16　"K—K"轴线属性面板

图 8-17　"类型属性"修改

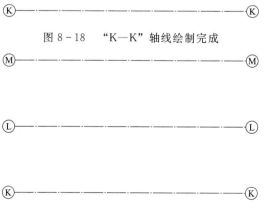

图 8-18　"K—K"轴线绘制完成

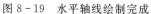

图 8-19　水平轴线绘制完成

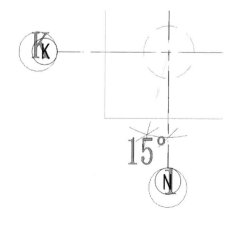

图 8-20　第一条竖直轴线

（2）依次拾取 2 号、3 号轴线，临时隐藏已导入的图纸，如图 8 - 22 所示，所有轴网创建完成。左上角"保存"，名为"1#系缆墩-标高轴网完成"。

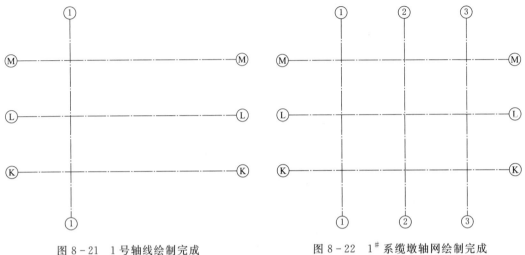

图 8 - 21　1 号轴线绘制完成　　　　　图 8 - 22　1#系缆墩轴网绘制完成

8.3　布 置 倾 斜 桩

根据"1#～6#系缆墩断面图"与"码头平立面图"（图 8 - 23～图 8 - 25），以及 7.1.2 节、8.1.2 节创建的 Φ1400 钢管桩与 Φ1600 钢管桩，首先将所有工作平台所用的桩导入。根据图纸要求，1#系缆墩与 6#系缆墩将使用 Φ1600 钢管桩，而 2#～5#系缆墩使用 Φ1400 钢管桩。

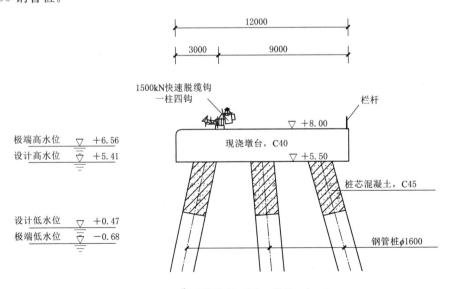

图 8 - 23　1#系缆墩断面图（单位：mm）

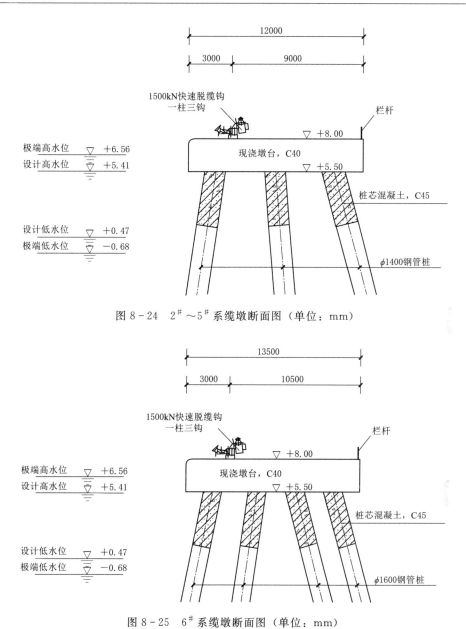

图 8-24 2#~5# 系缆墩断面图（单位：mm）

图 8-25 6# 系缆墩断面图（单位：mm）

8.3.1 布置 1# 系缆墩倾斜柱

（1）点击"建筑"选项卡，选择"柱"，下拉选择"结构柱"，进入"修改｜放置 结构柱"，选择"放置倾斜柱"，布置前排桩时选择"第一次单击"为"系缆墩桩顶标高"，"第二次单击"为"系缆墩桩底标高"，如图 8-26 所示。

（2）布置倾斜桩，根据背景"桩基平面图"，旋转对应的角度和高度，如图 8-27 所示，角度应当旋转"45°"，高度应为最小高度"58600.0"。

（3）依次完成其他倾斜桩的布置，切换"三维视图"，调整合适的角度，将"详细程度"

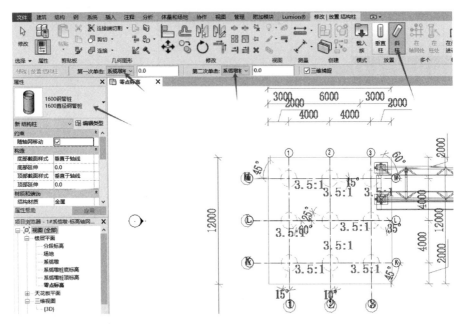

图 8-26　倾斜桩的设置

调整为"精细","视觉样式"改为"真实",并且临时隐藏某些图元,结果如图 8-28 所示。

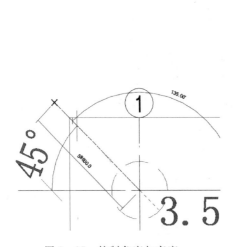

图 8-27　控制角度与高度

图 8-28　所有结构桩布置完成

8.3.2　布置 2#~5# 系缆墩倾斜桩

重复上述步骤完成 2#~5# 系缆墩的结构桩布置,切换"三维视图",调整合适的角度,将"详细程度"调整为"精细","视觉样式"改为"真实",并且临时隐藏某些图元,结果如图 8-29 所示。

图 8-29 1#～5#系缆墩结构桩布置完成

8.3.3 布置 6#系缆墩倾斜桩

重复上述步骤完成 6#系缆墩的结构桩布置，切换"三维视图"，调整合适的角度，将"详细程度"调整为"精细"，"视觉样式"改为"真实"，并且临时隐藏某些图元，结果如图 8-30 所示。

图 8-30 系缆墩结构桩布置完成

8.4 布置系缆墩墩台

根据"1#～6#系缆墩断面图"（图 8-23～图 8-25），以及 5.5 节创建的 1#～6#系缆墩墩台的模型，布置 1#～6#系缆墩墩前需要将 1#～6#系缆墩墩台模型导入。

（1）切换至"系缆墩桩顶标高"楼层平面视图，点击"建筑"选项卡，选择"构建"，下拉选择"放置构件"，进入"修改｜常规模型"，在"属性"面板会自动跳出刚刚载入的"系缆墩墩台"，如图 6-54 所示。

（2）1#系缆墩墩台的当前位置如图 8-31 所示，调整"系缆墩墩台"的位置，调整完成后切换"三维视图"，调整合适的角度，将"详细程度"调整为"精细"，"视觉样式"改为"真实"，并且临时隐藏某些图元，结果如图 8-32 所示。

（3）切换至"系缆墩"楼层平面视图，布置 2#～6#系缆墩墩台的布置。

（4）切换"三维视图"，调整合适的角度，将"详细程度"调整为"精细"，"视觉样式"改为"真实"，并且临时隐藏某些图元，结果如图 8-33 所示。所有的系缆墩模型及过程文件已保存在"系缆墩"文件夹中，如图 8－34 所示。

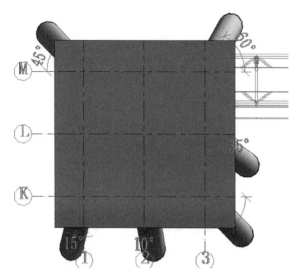

图 8－31 1#系缆墩墩台的当前位置

图 8－32 1#系缆墩创建完成

图 8－33 系缆墩模型创建完成

名称

- 1#～5#系缆墩墩台
- 1#系缆墩—标高轴网完成
- 6#系缆墩墩台
- φ1400钢管桩
- φ1600钢管桩
- 港口CAD样板文件
- 系缆墩
- 系缆墩—完成

图 8－34 系缆墩模型及过程文件保存完成

第9章 引 桥

码头的引桥是连接陆地和船只的桥梁，通常是可以移动或旋转的结构。引桥在码头上的作用如下：

（1）方便乘客和货物进出船只。引桥可以连接码头和船只，乘客和货物可以通过引桥方便地进出船只，提高了码头的通行效率。

（2）提供安全通道。引桥可以提供一个安全的通道，避免乘客和货物在码头和船只之间过渡时出现危险，确保了乘客和货物的安全。

（3）适应不同水位的调节。由于水位的变化，船只的高度可能会有所不同，引桥可以根据实际情况进行调节，确保船只和码头之间的连接畅通无阻。

引桥

图 9-1 "引桥"
文件夹

（4）方便船只的停靠和离港。引桥可以为船只提供一个便捷的通道，使船只在停靠和离港时更加方便和快捷。

本项目为原油码头，原油码头装卸过程中以管道运输为主，引桥仅需发挥承载桥面上的管道重量的作用。在"某原油码头的 BIM 建模"所在的文件夹内新建一个文件夹，命名为"引桥"，如图 9-1所示。

9.1 创 建 准 备

9.1.1 立面修正

建立模型前，先根据本项目中的所有工程图纸查阅所需建立的模型的尺寸、定位、属性等信息，保证模型创建的正确性。查阅"码头平立面图""引桥断面图""桩位布置图"等图纸，本项目需创建一座引桥，引桥的定位如图 9-2所示。

打开 6.1 节创建的"港口 CAD 样板文件"，如图 7-3所示。使用"移动"工具，将图 7-3中的四个立面移动至引桥的四边，如图 9-3所示。左上角"另存为"，命名为"引桥"。

9.1.2 φ1200预应力混凝土大管桩完善

在 5.2 节中已经完成了 φ1200 预应力混凝土大管桩的建模，查阅"引桥断面图"等，在"φ1200预应力混凝土大管桩"桩模型中还需增加如图 9-4所示的桩芯混凝土模型。采用嵌套族形式创建完整的 φ1200 预应力混凝土大管桩族。

（1）打开 6.1 节制作的"桩芯混凝土"，删除因钢管桩-加强板而产生的高 500mm 的

圆柱，将下端高 3000mm 的圆柱调整为高 3500mm 的圆柱。左上角"另存为"，命名为
"桩芯混凝土—大管桩"。

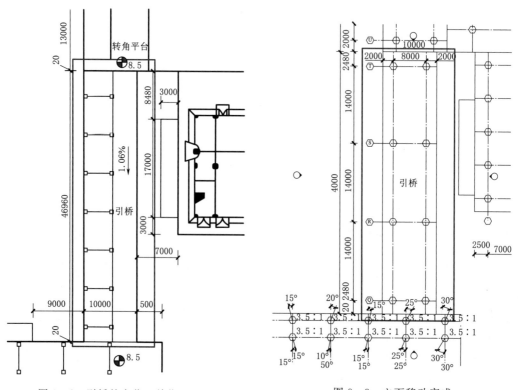

图 9-2　引桥的定位（单位：mm）　　　　　图 9-3　立面移动完成

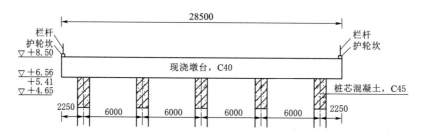

图 9-4　Φ1200 预应力混凝土桩芯混凝土示意图（单位：mm）

（2）打开上节制作的"桩芯混凝土—大管桩"与 5.2 节制作的"Φ1200 预应力混凝土
大管桩"，将"桩芯混凝土"载入"Φ1200 预应力混凝土大管桩"，如图 9-5 所示，并需
调整位置。

（3）调整位置结束后，还需将"桩芯混凝土—外径"与"内径"相关联，如图 9-6
所示。切换"三维视图"，"详细程度"改为"精细"，"视觉样式"改为"着色"，则创建
完成，如图 9-7 所示，进入左上角"保存"。引桥所需的项目与族已保存在"引桥"文件
夹中，如图 9-8 所示。

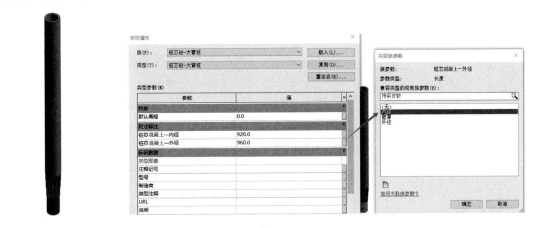

图 9-5　桩芯混凝土
模型载入

图 9-6　关联参数

名称

R　φ1200预应力混凝土大管桩

R　港口CAD样板文件

R　引桥

图 9-7　φ1200 预应力混凝土大管桩创建完成

图 9-8　引桥创建准备完成

9.2　创建标高与轴网

9.2.1　创建标高

打开"引桥"项目，切换至任意立面视图，可以看到视图中已经创建了"标高 1""标高 2"2 个默认标高，在楼层平面中也默认创建了相应的视图，如图 9-9 所示，接下来可创建项目标高。

6.500 标高3

4.000 标高2

±0.000 标高1

图 9-9　创建标高

图 9-10　标高 3 属性设置

由"引桥断面图"可知，引桥需要 5 个标高，自下而上分别为引桥桩底标高、分段标高、引桥桩顶标高、T 型纵梁、引桥。与此同时保留"标高 1"所处的 0.000 标高。

可以通过复制现有标高来创建标高，选中"标高 2"，选择"复制"工具，进行任意复制，新生成的标高为"6.500 标高 3"，在"属性"选项卡内有标高 3 的若干属性信息，如图 9-10 所示，可以直接修改"名称标高 3"为"名称 T 型纵梁"，标高"T 型纵梁 6.500"绘制完成，如图 9-11 所示。

依次根据"引桥断面图"，通过绘制标高或者复制标高完成引桥桩底标高（-53.000）、分段标高（-24.000）、零点标高（±0.000）、引桥桩顶标高（4.500）、引桥（8.500）5 个标高的创建。如图 9-12 所示。

在"视图"选项卡"创建"面板中单击"平面视图"按钮，可以为项目创建楼层平面、天花板投影平面、结构平面等视图，在这里选择"楼层平面"创建楼层平面视图，结果如图 9-13 所示。

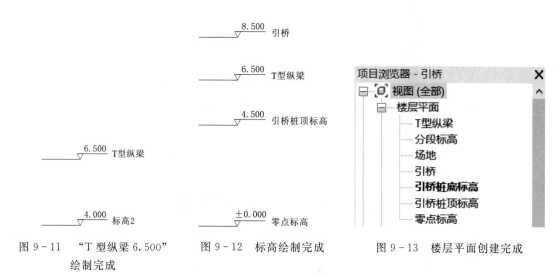

图 9-11　"T 型纵梁 6.500"绘制完成　　图 9-12　标高绘制完成　　图 9-13　楼层平面创建完成

9.2.2　创建轴网

1. 绘制水平轴网

（1）打开 9.1 节制作的"引桥"项目文件，切换至"零点标高"楼层平面，选择"建筑"选项卡，基准面板的轴网工具自动切换至"修改｜放置轴网"选项卡，进入轴网放置状态，如图 9-14 所示。

（2）选择"属性"面板中的轴网类型为"轴网-6.5mm 编号"，"绘制"面板中轴网绘制方式为"拾取线"，拾取"Q—Q"轴线，如图 9-15 所示，默认编号从 1 开始。

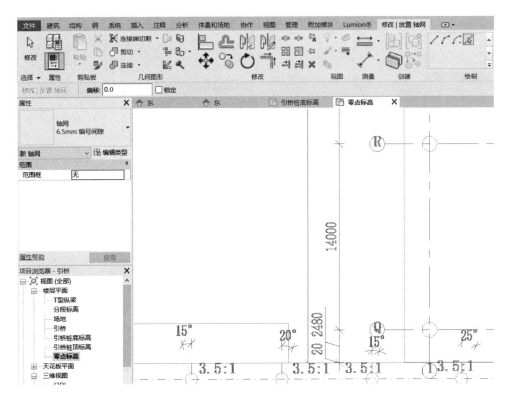

图 9-14 轴网放置初始界面

（3）修改"Q—Q"轴线"属性"面板中的"名称"，如图 9-16 所示。改"1"为"Q"。进入"编辑类型"界面，如图 9-17 所示，将"平面视图轴号端点"均勾选。临时隐藏已导入的图纸，结果如图 9-18 所示。

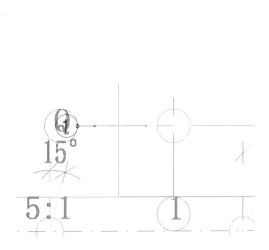

图 9-15 Q 号轴线初次绘制完成

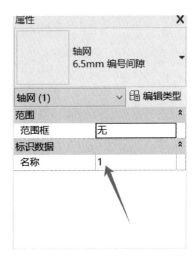

图 9-16 "Q—Q"轴线属性面板

图 9-17 "类型属性"修改

⊙————————————————————⊙

图 9-18 "Q—Q"轴线绘制完成

（4）依次拾取 R～T 轴线，临时隐藏已导入的图纸，如图 9-19 所示。

2. 绘制竖直轴网

（1）在"建筑"选项卡的"基准"面板中单击"轴网"工具，继续使用"绘制"面板中的"拾取线"方式，沿图纸水平方向拾取第一条竖直轴线（图 9-20），自动命名为"U"，如前面相同操作修改为 1 号轴线，临时隐藏已导入的图纸，则绘制完成，如图 9-21 所示。

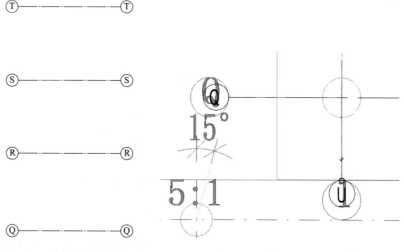

图 9-19 水平轴线绘制完成　　　图 9-20 第一条竖直轴线

（2）拾取 2 号轴线，临时隐藏已导入的图纸，如图 9-22 所示，所有轴网创建完成。左上角"保存"，名为"引桥－标高轴网完成"。

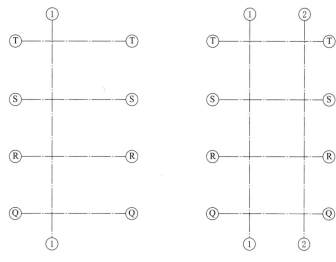

图 9-21 1 号轴线绘制完成   图 9-22 轴网绘制完成

9.3 布 置 垂 直 桩

根据"引桥断面图"与"引桥立面图","Φ1200 预应力混凝土大管桩"属于引桥的桩族，如图 9-23 所示，经 9.1.2 节补充完善，"Φ1200 预应力混凝土大管桩"在引桥项目中将布置倾斜桩。先将 Φ1200 预应力混凝土大管桩载入引桥项目。

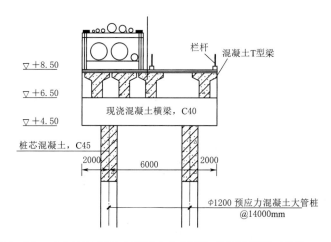

图 9-23 "Φ1200 预应力混凝土大管桩"布置示意图（单位：mm）

（1）如图 9-24 所示，点击"建筑"选项卡，选择"柱"，下拉选择"结构柱"，进入"修改｜放置 结构柱"，在"属性"面板会自动跳出刚刚载入的"Φ1200 预应力混凝土大管桩"。

（2）如图 6-41 所示，在"放置"选项卡下，选择"垂直柱"，在图 9-24 所示位置完成放置。

165

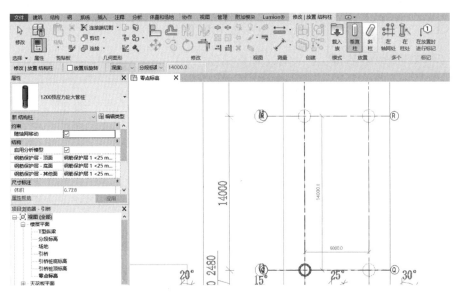

图 9-24　修改｜放置结构柱

（3）确保放置的垂直桩的"底部标高"为"引桥桩底标高"，"顶部标高"为"引桥桩顶标高"，如图 9-25 所示。

（4）复制上一步骤的垂直柱完成所有垂直桩的布置，切换"三维视图"，调整合适的角度，将"详细程度"调整为"精细"，"视觉样式"改为"真实"，并且临时隐藏某些图元，结果如图 9-26 所示。

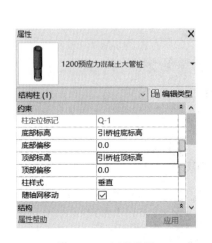

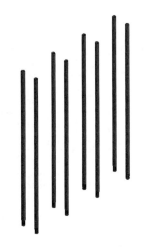

图 9-25　标高设置　　　　　　图 9-26　引桥垂直柱布置完成

9.4　布　　置　　梁

根据"引桥断面图"与"引桥立面图"（图 9-27 和图 9-28），以及 5.3 节创建的工作平台的梁族，包含的梁有：异型纵梁－3680×4000、倒 T 型纵梁－3680×4000、T 型横梁－1800×1800。首先将所有引桥的梁导入。根据图纸要求，纵梁数量较多，规模较大，选择先布置纵梁。

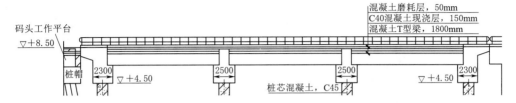

图 9-27　引桥纵梁布置图

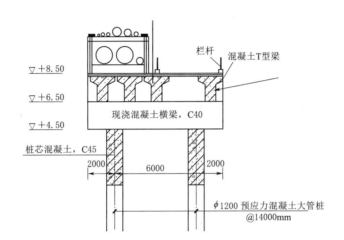

图 9-28　引桥横梁布置图（单位：mm）

9.4.1　布置异型纵梁－3980×4000

（1）切换至"引桥桩顶标高"楼层平面视图，点击"建筑"选项卡，选择"构件"，下拉选择"放置构件"，进入"修改｜常规模型"，在"属性"面板会自动跳出刚刚载入的"异型纵梁－3980×4000"，如图 6-54 所示。

（2）异型纵梁－3980×4000 的当前位置如图 9-29 所示，调整"异型纵梁－3980×4000"的位置，调整完成后切换"三维视图"，调整合适的角度，将"详细程度"调整为"精细"，"视觉样式"改为"真实"，并且临时隐藏某些图元，结果如图 9-30 所示。

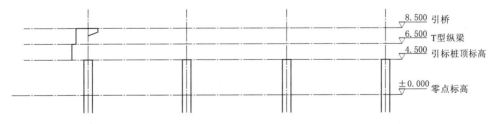

图 9-29　异型纵梁－3980×4000 的当前位置

（3）重复上述步骤完成另一侧的异型纵梁－3980×4000，切换"三维视图"，调整合适的角度，将"详细程度"调整为"精细"，"视觉样式"改为"真实"，并且临时隐藏某些图元，结果如图 9 - 31 所示。

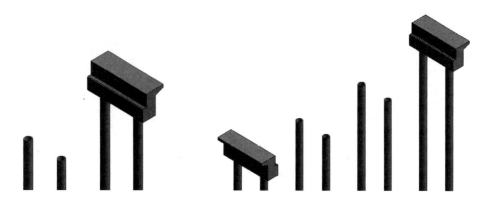

图 9 - 30　异型纵梁－3980×4000 创建完成　　　图 9 - 31　异型纵梁－3980×4000 布置完成

9.4.2　布置倒 T 型纵梁－2500×3800

（1）切换至"引桥桩顶标高"楼层平面视图，点击"结构"选项卡，选择"梁"，进入"修改｜放置 梁"，在"属性"面板会自动跳出刚刚载入的"布置倒 T 型纵梁－2500×3800"，如图 9 - 32 所示。

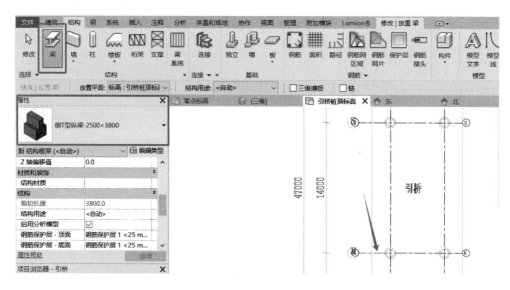

图 9 - 32　放置梁

（2）倒 T 型纵梁－2500×3800 的当前位置如图 9 - 33 所示，随意放置"倒 T 型纵梁－2500×3800"的位置，但需保证纵梁横跨距离应为引桥的纵向长度。

（3）根据 5.2 节的倒 T 型纵梁－2500×3800 的模型高度，最终确定在"属性"面板调整"Z 轴偏移值"为"3850.0"，如图 9 - 34 所示，并将倒 T 型纵梁－2500×3800 移动至如图 9 - 35 所示的位置。

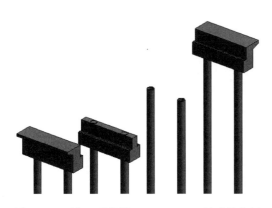

图 9-33 倒 T 型纵梁—2500×3800 的当前位置　　图 9-34 "Z轴偏移值"设置

（4）根据"工作平台梁板布置图"，复制当前倒 T 型纵梁—2500×3800 完成所有模型的布置，切换"三维视图"，调整合适的角度，将"详细程度"调整为"精细"，"视觉样式"改为"真实"，并且临时隐藏某些图元，结果如图 9-36 所示。

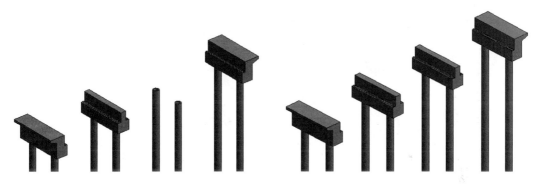

图 9-35 1根"倒 T 型纵梁—2500×3800"　　　图 9-36 倒 T 型纵梁—2500×3800
创建完成　　　　　　　　　　　　　布置完成

9.4.3 布置 T 型横梁—1800×1800

（1）切换至"工作平台桩帽顶"楼层平面视图，点击"结构"选项卡，选择"梁"，进入"修改｜放置 梁"，在"属性"面板会自动跳出刚刚载入的"T 型横梁—1800×1800"，如图 9-37 所示。

（2）T 型横梁—1800×1800 的当前位置如图 9-38 所示，随意放置"T 型横梁—1800×1800"的位置，但需保证纵梁横跨距离应为引桥的横向长度。

（3）根据 5.2 节的 T 型横梁—1800×1800 的模型创建标高，最终确定在"属性"面板调整"Z轴偏移值"为"3850.0"，如图 9-39 所示，并将 T 型横梁—1800×1800 移动至如图 9-40 所示的位置。

（4）根据"工作平台梁板布置图"，复制当前 T 型横梁—1800×1800 完成所有 T 型横梁—1800×1800 模型的布置，切换"三维视图"，调整合适的角度，将"详细程度"调整为"精细"，"视觉样式"改为"真实"，并且临时隐藏某些图元，结果如图 9-41 所示。

图 9-37　放置 T 型横梁-1800×1800

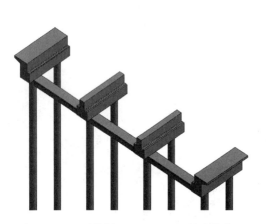

图 9-38　T 型横梁-1800×1800 的当前位置

图 9-39　"Z 轴偏移值"设置

图 9-40　1 根"T 型横梁-1800×1800"
创建完成

图 9-41　T 型横梁-1800×1800
布置完成

9.5 引桥平台面板绘制与布置

根据"引桥断面图",如图 9-42 所示,引桥面板包括混凝土磨耗层 50mm、C40 混凝土现浇层 150mm。根据 9.4 节布置的所有梁,目前的引桥高程为 8.30m,根据图纸实际还余有 200mm 的高度,满足图纸要求,接下来开始绘制引桥面板。

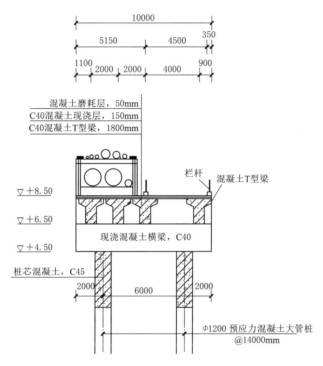

图 9-42 引桥断面图(单位:mm)

(1)进入"引桥"楼层平面视图。在"建筑"选项卡的"楼板"下拉列表中选择"楼板:结构",如图 9-43 所示,进入"修改│创建楼层边界"选项卡,在"绘制"面板的"边界线"中选择"直线"工具绘制楼板边界,如图 9-44 所示。

(2)在"属性"面板中可以看到系统提供的"楼板-常规—150mm",单击"属性"面板中的"编辑类型"按钮,打开墙"类型属性"对话框。单击类型列表后的"复制"按钮,在"名称"对话框中输入"引桥面板"作为新类型名称,单击"确定"按钮返回"类型属性"对话框(图 9-45)。

(3)单击"构造"中"结构"参数后边的"编辑"按钮,根据"混凝土磨耗层 50.0、C40 混凝土现浇层 150.0"按图 9-46 进行设置。

(4)绘制如图 9-43 所示的引桥面板轮廓,点击"确定"完成绘制,切换"三维视图",调整合适的角度,将"详细程度"调整为"精细","视觉样式"改为"真实",并且临时隐藏某些图元,结果如图 9-47 所示。所有的引桥模型及过程文件已保存在"引桥"文件夹中,如图 9-48 所示。

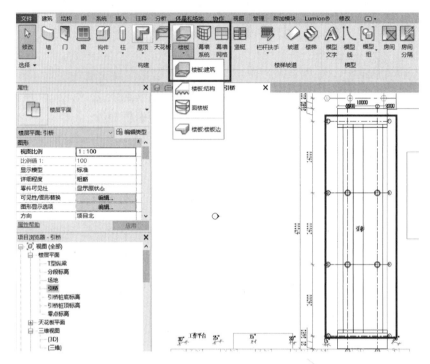

图 9-43　楼板绘制步骤

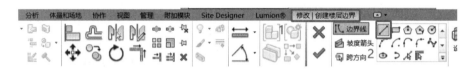

图 9-44　"引桥"面板绘制

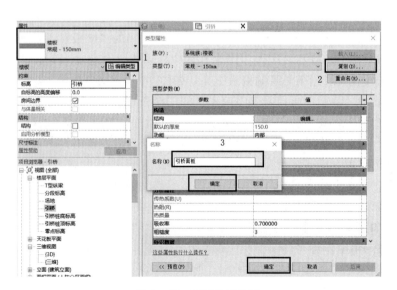

图 9-45　面板类型设置

图 9-46 面板结构参数设置

名称

- 1200预应力砼大管桩
- T型纵梁-1800×1800
- 倒T型纵梁-2500×3800
- 港口CAD样板文件
- 异形纵梁-3680×4000
- 引桥-完成
- 引桥轴网标高完成

图 9-47 引桥面板创建完成   图 9-48 引桥模型及过程文件保存完成

第10章 转 角 平 台

图 10 - 1 "转角平台"
文件夹

转角平台指连接两个码头建筑物之间的水平部分。转角平台用来提供方向转折，其标高有时与某个建筑物相一致，有时介于两个建筑物标高之间。本项目为原油码头，原油码头装卸过程中以管道运输为主，转角平台不仅起到承载桥面上管道重量的作用，而且对管道在港口布置规划中需要调转方向及相关人员进行检查等方面有重要意义。在"某原油码头的 BIM 建模"所在的文件夹内新建一个文件夹，命名为"转角平台"，如图 10 - 1 所示。

10.1 创 建 准 备

建立模型前，先根据本项目中的所有工程图纸查阅所需建立的模型的尺寸、定位、属性等信息，保证模型创建的正确性。查阅"码头平立面图""转角平台断面图""桩位布置图"等图纸，本项目需创建 1 座转角平台，转角平台所在位置如图 10 - 2 所示。

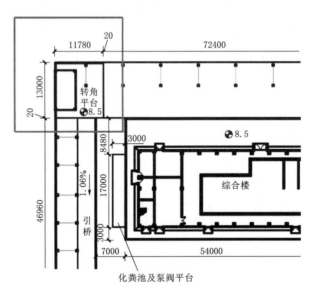

图 10 - 2 转角平台的定位（单位：mm）

打开 6.1 节创建的"工作平台"，如图 7 - 3 所示。使用"移动"工具，将图 7 - 3 中的四个立面移动至转角平台的四边，如图 10 - 3 所示。左上角"另存为"，命名为"转角平台"。

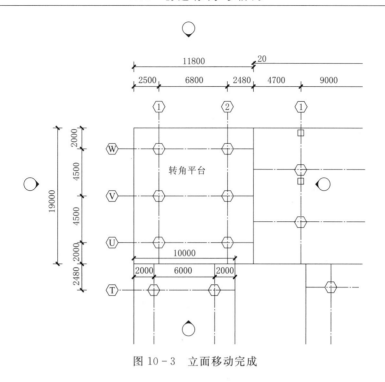

图 10-3 立面移动完成

10.2 创建标高与轴网

10.2.1 创建标高

打开"转角平台"项目，切换至任意立面视图，可以看到视图中已经创建了"标高 1""标高 2"2 个默认标高，在楼层平面中也默认创建了相应的视图。接下来可创建项目标高。

由"转角平台断面图"，转角平台需要 4 个标高，自下而上分别为桩底标高、分段标高、桩顶标高、转角平台顶。与此同时保留"标高 1"所处的 0.000 标高。

根据"引桥断面图"，依次通过绘制标高或者复制标高完成转角平台桩底标高（-53.000）、分段标高（-24.000）、零点标高（±0.000）、转角平台桩顶标高（6.500）、转角平台（8.500）5 个标高的创建，如图 10-4 所示。

在"视图"选项卡"创建"面板中单击"平面视图"按钮，可以为项目创建楼层平面、天花板投影平面、结构平面等视图，在这里选择"楼层平面"创建楼层平面视图，结果如图 10-5 所示。

10.2.2 创建轴网

1. 绘制水平轴网

（1）打开上一节制作的"转角平台"项目文件，切换至"零点标高"楼层平面，选择"建筑"选项卡，基准面板的 轴网工具自动切换至"修改 | 放置 轴网"选项卡，进入轴网放置状态，如图 10-6 所示。

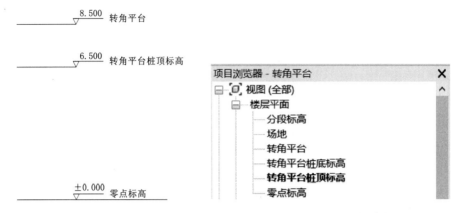

图 10-4 标高绘制完成   图 10-5 楼层平面创建完成

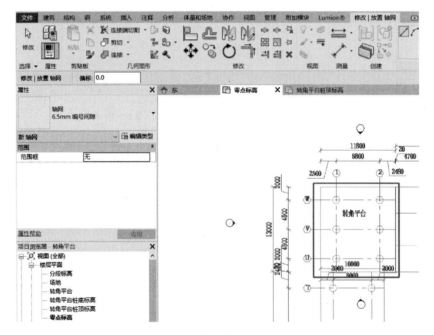

图 10-6 轴网放置初始界面

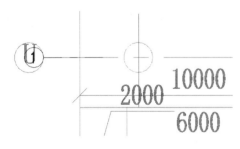

图 10-7 U号轴线初次绘制完成

（2）选择"属性"面板中的轴网类型为"轴网－6.5mm 编号"，"绘制"面板中轴网绘制方式为"拾取线"，拾取"U—U"轴线，如图 10-7 所示，默认编号从 1 开始。

（3）修改"U—U"轴线"属性"面板中的"名称"，如图 10-8 所示。改"1"为"U"。进入"编辑类型"界面，如图 10-9 所示，将"平面视图轴号端点"均勾选。临时隐藏已导入的图纸，结果如图 10-10 所示。

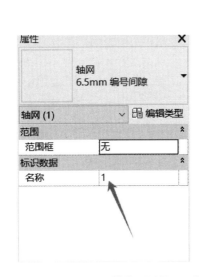

图 10 - 8 "U—U"轴线"属性"面板　　　图 10 - 9 "类型属性"修改

图 10 - 10 "U—U"轴线绘制完成

（4）依次拾取 V 号、W 号轴线，临时隐藏已导入的图纸，如图 10 - 11 所示。

2. 绘制竖直轴网

（1）在"建筑"选项卡的"基准"面板中单击"轴网"工具，继续使用"绘制"面板中的"拾取线"方式，沿图纸水平方向拾取第一条竖直轴线（图 10 - 12），自动命名为"X"，如前面相同操作修改为 1 号轴线，临时隐藏已导入的图纸，如图 10 - 13 所示。

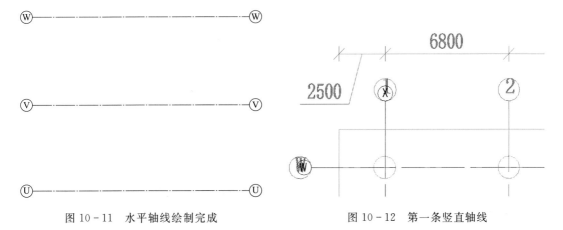

图 10 - 11 水平轴线绘制完成　　　图 10 - 12 第一条竖直轴线

（2）拾取 2 号轴线，临时隐藏已导入的图纸，如图 10 - 14 所示，所有轴网创建完成。左上角"保存"，名为"转角平台—标高轴网"。

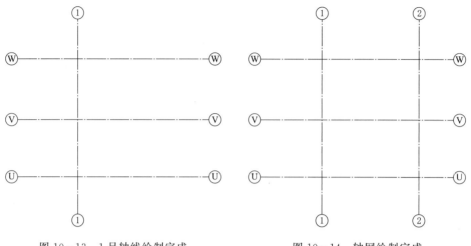

图 10-13　1 号轴线绘制完成　　　　　图 10-14　轴网绘制完成

10.3　布置垂直桩

根据"转角平台断面图"与"转角平台立面图","Φ1200 预应力混凝土大管桩"属于转角平台的桩族，如图 10-15 所示，经 9.1.2 节补充完善，"Φ1200 预应力混凝土大管桩"在转角平台项目中将布置倾斜桩。先将"Φ1200 预应力混凝土大管桩"载入转角平台项目。

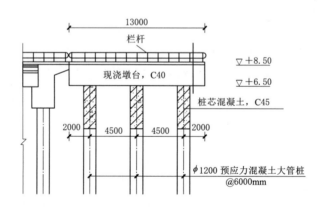

图 10-15　"Φ1200 预应力混凝土大管桩"布置示意图

（1）如图 10-16 所示，点击"建筑"选项卡，选择"柱"，下拉选择"结构柱"，进入"修改｜放置 结构柱"，在"属性"面板会自动跳出刚刚载入的"Φ1200 预应力混凝土大管桩"。

（2）如图 6-41 所示，在"放置"选项卡下，选择"垂直柱"，在图 10-16 所示位置完成放置。

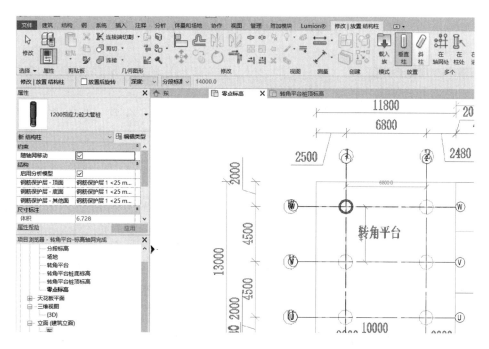

图 10-16 修改｜放置结构柱

（3）确保放置的垂直桩的"底部标高"为"转角平台桩底标高"，"顶部标高"为"转角平台桩顶标高"，如图 10-17 所示。

（4）复制上一步骤的垂直柱完成所有垂直桩的布置，切换·"三维视图"，调整合适的角度，将"详细程度"调整为"精细"，"视觉样式"改为"真实"，并且临时隐藏某些图元，结果如图 10-18 所示。

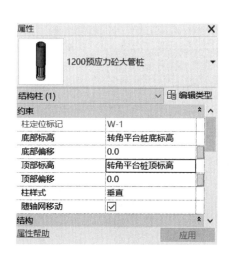

图 10-17 标高设置　　　　图 10-18 转角平台垂直柱布置完成

10.4 布置转角墩台

根据"转角墩台断面图"（图 10 - 19）以及 5.5 节创建的转角墩台模型。布置转角墩台前需要将转角墩台模型导入。

（1）切换至"转角墩台桩顶标高"楼层平面视图，点击"建筑"选项卡，选择"构件"，下拉选择"放置构件"，进入"修改｜常规模型"，在"属性"面板会自动跳出刚刚载入的"转角墩台"，如图 10 - 20 所示。

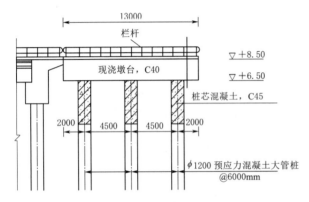

图 10 - 19 转角墩台位置示意图（单位：mm）　　　　图 10 - 20 放置构件

（2）如图 10 - 21 所示，调整"转角墩台"的位置。调整完成后切换"三维视图"，调整合适的角度，将"详细程度"调整为"精细"，"视觉样式"改为"真实"，并且临时隐藏某些图元，结果如图 10 - 22 所示。所有的转角墩台模型及过程文件已保存在"转角墩台"文件夹中，如图 10 - 23 所示。

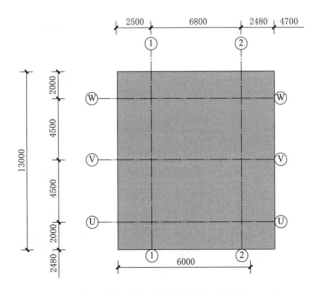

图 10 - 21 转角墩台的当前位置（单位：mm）

图 10-22 转角墩台
创建完成

名称

▣ 1200预应力砼大管桩
▣ 港口CAD样板文件
▣ 转角墩墩台
▣ 转角平台
▣ 转角平台-标高轴网完成
▣ 转角平台—完成

图 10-23 转角墩台模型及
过程文件保存完成

第11章 综 合 楼

综合楼在码头调度中起着至关重要的作用。首先，综合楼负责协调各个码头的运输任务和资源，确保货物能够及时、安全地运输到目的地。其次，综合楼还负责监控货物的流动情况，及时调整调度计划，以应对突发情况或者交通拥堵等问题。此外，综合楼还负责与船舶公司、货代等相关方进行沟通和协调，确保整个码头调度系统的顺畅运行。综合楼的有效运作可以提高码头的运输效率和服务质量，从而为客户提供更好的服务和体验。

综合楼

图 11-1 "综合楼"
文件夹

本项目为原油码头，原油码头装卸过程中以管道运输为主，综合楼在原油船只进港、出港、码头停靠、管道运输检测等多方面起到重要作用，特别是在原油装卸和船舶停靠的安全问题上，尤为重要。在"某原油码头的 BIM 建模"所在的文件夹内新建一个文件夹，命名为"综合楼"，如图 11-1 所示。

11.1 创 建 准 备

建立模型前，先根据本项目中的所有工程图纸查阅所需建立的模型的尺寸、定位、属性等信息，保证模型创建的正确性。查阅"码头平立面图""综合楼平台断面图""桩位布置图"等图纸，本项目需创建1座综合楼，综合楼所在位置如图 11-2 所示。

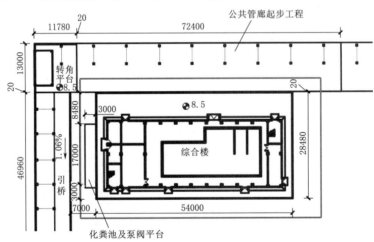

图 11-2 综合楼所在位置（单位：mm）

打开 6.1 节创建的"港口 CAD 样板文件"，如图 7-3 所示。使用"移动"工具，将图 7-3 中的四个立面移动至综合楼的四边，如图 11-3 所示。左上角"另存为"，命名为"综合楼"。

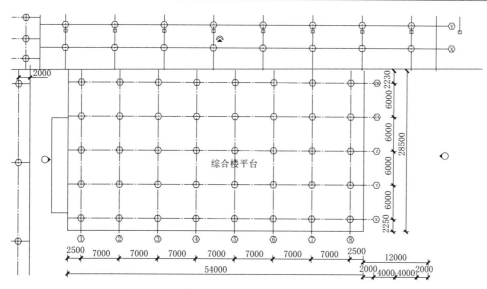

图 11-3 立面移动完成

11.2 创建标高与轴网

11.2.1 创建标高

打开"综合楼"项目,切换至任意立面视图,可以看到视图中已经创建了"标高1""标高2"2个默认标高,在楼层平面中也默认创建了相应的视图。接下来可创建项目标高。

由"综合楼平面断面图",综合楼需要4个标高,自下而上分别为综合楼桩底标高、分段标高、综合楼桩顶标高、综合楼。与此同时保留"标高1"所处的0.000标高。

根据"引桥断面图",依次通过绘制标高或者复制标高完成综合楼桩底标高(-53.000)、分段标高(-24.000)、零点标高(±0.000)、综合楼桩顶标高(6.500)、综合楼(8.500)5个标高的创建,如图11-4所示。

在"视图"选项卡"创建"面板中单击"平面视图"按钮,可以为项目创建楼层平面、天花板投影平面、结构平面等视图,在这里选择"楼层平面"创建楼层平面视图,结果如图11-5所示。

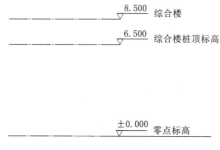

图 11-4 标高绘制完成

图 11-5 楼层平面创建完成

11.2.2 创建轴网

1. 绘制水平轴网

（1）打开11.1节制作的"综合楼"项目文件，切换至"零点标高"楼层平面，选择
"建筑"选项卡，基准面板的 ⊞ 轴网工具自动切换至"修改｜放置 轴网"选项卡，进入轴
网放置状态，如图 11-6 所示。

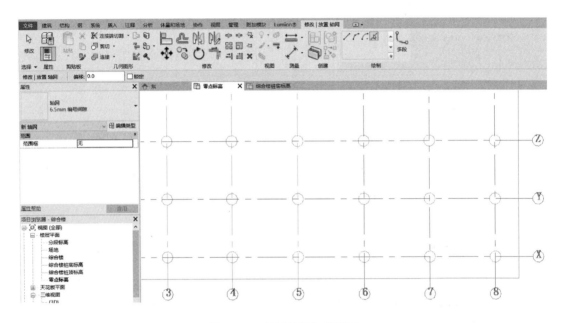

图 11-6 轴网放置初始界面

（2）选择"属性"面板中的轴网类型为"轴网－6.5mm 编号"，"绘制"面板中轴网
绘制方式为"拾取线"，拾取"X—X"轴线，如图 11-7 所示，默认编号从 1 开始。

（3）修改"X—X"轴线"属性"面板中的"名
称"，如图 11-8 所示，改"1"为"X"。进入"编辑类
型"界面，如图 11-9 所示，将"平面视图轴号端点"
均勾选。临时隐藏已导入的图纸，结果如图 11-10
所示。

（4）依次拾取 Y～ZB 轴线，临时隐藏已导入的图
纸，如图 11-11 所示。

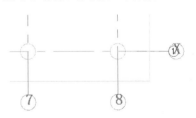

图 11-7 X 号轴线初次绘制完成

2. 绘制竖直轴网

（1）在"建筑"选项卡的"基准"面板中单击"轴网"工具，继续使用"绘制"面板中
的"拾取线"方式，沿图纸水平方向拾取第一条竖直轴线（图 11-12），自动命名为"CC"，
如前面相同操作修改为 1 号轴线，临时隐藏已导入的图纸，则绘制完成，如图 11-13
所示。

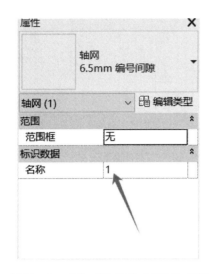

图 11-8 "X—X"轴线"属性"面板

图 11-9 "类型属性"修改

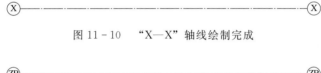

图 11-10 "X—X"轴线绘制完成

图 11-11 水平轴线绘制完成

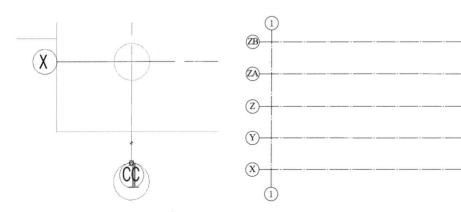

图 11-12 第一条竖直轴线

图 11-13 1号轴线绘制完成

（2）拾取 2～8 号轴线，临时隐藏已导入的图纸，如图 11－14 所示，所有轴网创建完成。左上角"保存"，名为"综合楼-标高轴网"。

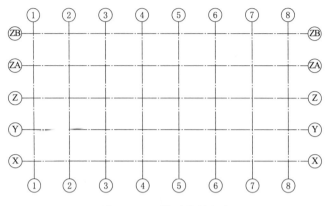

图 11－14 轴网绘制完成

11.3 布 置 垂 直 桩

根据"综合楼平台断面图"与"综合楼平台桩位布置图"，"φ1200 预应力混凝土大管桩"属于综合楼的桩族，如图 11－15 所示，经 9.1.2 节补充完善，"φ1200 预应力混凝土大管桩"在综合楼项目中将布置倾斜桩。先将"φ1200 预应力混凝土大管桩"载入综合楼项目。

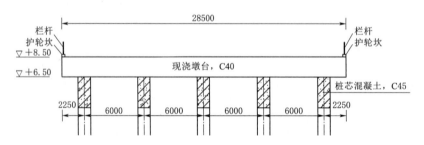

图 11－15 "φ1200 预应力混凝土大管桩"布置示意图（单位：mm）

（1）如图 11－16 所示，点击"建筑"选项卡，选择"柱"，下拉选择"结构柱"，进入"修改｜放置结构柱"，在"属性"面板会自动跳出刚刚载入的"φ1200 预应力混凝土大管桩"。

（2）如图 6－41 所示，在"放置"选项卡下，选择"垂直柱"，在图 11－16 所示位置完成放置。

（3）确保放置的垂直桩的"底部标高"为"综合楼桩底标高"，"顶部标高"为"综合楼桩顶标高"，如图 11－17 所示。

（4）复制上一步骤的垂直柱完成所有垂直桩的布置，切换"三维视图"，调整合适的角度，将"详细程度"调整为"精细"，"视觉样式"改为"真实"，并且临时隐藏某些图元，如图 11－18 所示。

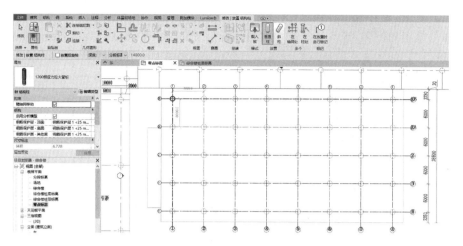

图 11 - 16   修改｜放置结构柱

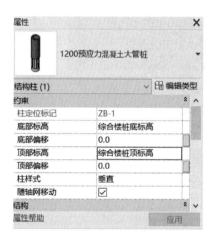

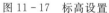

图 11 - 17   标高设置

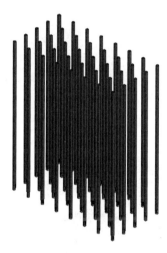

图 11 - 18   综合楼垂直柱布置完成

11.4 布 置 综 合 楼 墩 台

根据"综合楼平台断面图"（图 11 - 19）以及 5.5 节创建的综合楼墩台的模型。布置综合楼墩台前需要将综合楼墩台模型导入。

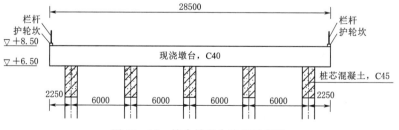

图 11 - 19   综合楼墩台位置示意图

（1）切换至"综合楼桩顶标高"楼层平面视图，点击"建筑"选项卡，选择"构件"，下拉选择"放置构件"，进入"修改｜常规模型"，在"属性"面板会自动跳出刚刚载入的"综合楼墩台"，如图 6 - 54 所示。

（2）综合楼墩台的当前位置如图 11 - 20 所示，调整"综合楼墩台"的位置，调整完成后切换"三维视图"，调整合适的角度，将"详细程度"调整为"精细"，"视觉样式"改为"真实"，并且临时隐藏某些图元，结果如图 11 - 21 所示。所有的综合楼墩台模型及过程文件已保存在"综合楼墩台"文件夹中，如图 11 - 22 所示。

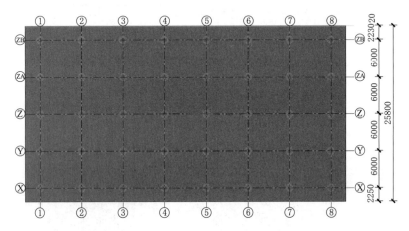

图 11 - 20　综合楼墩台的当前位置

名称

Ⓡ 1200预应力砼大管桩

Ⓡ 港口CAD样板文件

Ⓡ 综合楼

Ⓡ 综合楼墩台

Ⓡ 综合楼-完成

Ⓡ 综合楼—轴网标高完成

图 11 - 21　综合楼墩台创建完成　　图 11 - 22　综合楼墩台模型及过程文件保存完成

第12章 公共管廊平台

将原油管道系统整合到当前港口地区的公共管廊平台中，可以实现对原油管道系统的集中管理、监控和维护。公共管廊平台可以帮助提高原油管道系统的运行效率、安全性和可靠性，同时减少对环境的影响和减少维护成本。其具有以下特点：集中管理，将不同的原油管道系统整合到一个统一的管理平台中，便于监控、调度和维护；实时监控，通过监控系统实时监测原油管道系统的运行状态，及时发现异常情况并采取相应措施；故障报警，设立报警机制，一旦发生管道泄漏、压力异常等情况，系统能够及时报警并指导应急处理；维护管理，定期对原油管道系统进行检修、保养和维护，延长设备寿命，减少故障发生。

本项目为原油码头，原油码头装卸过程中以管道运输为主，公共管廊平台在管道系统的运维、管道运输检测等多方面起到重要作用，特别是公共管廊平台是连接码头工作区和后方原油储藏区堆场的最重要一环。在"某原油码头的BIM建模"所在的文件夹内新建一个文件夹，命名为"公共管廊平台"，如图12-1所示。

公共管廊平台

图12-1 "公共管廊平台"文件夹

12.1 创 建 准 备

建立模型前，先根据本项目中的所有工程图纸查阅所需建立的模型的尺寸、定位、属性等信息，保证模型创建的正确性。查阅"码头平立面图""公共管廊断面图""桩位布置图"等图纸，本项目需创建1座公共管廊平台，所在位置如图12-2所示。

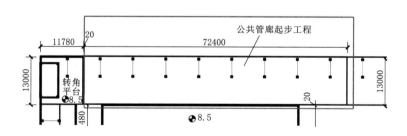

图12-2 公共管廊的定位（单位：mm）

打开6.1节创建的"港口CAD样板文件"，如图7-3所示。使用"移动"工具，将图7-3中的四个立面移动至公共管廊的四边，如图12-3所示。左上角"另存为"，命名为"公共管廊平台"。

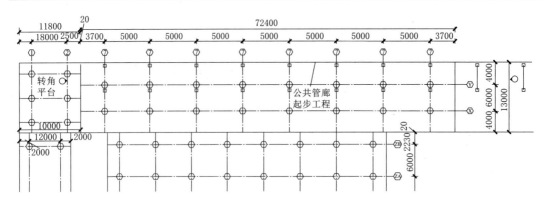

图 12 - 3 立面移动完成

12.2 创建标高与轴网

12.2.1 创建标高

打开"公共管廊平台"项目,切换至任意立面视图,可以看到视图中已经创建了"标高 1""标高 2"2 个默认标高,在楼层平面中也默认创建了相应的视图。接下来可创建项目标高。

据"公共管廊平台断面图",公共管廊平台需要 4 个标高,自下而上分别为桩底标高、分段标高、桩顶标高、横梁顶、公共管廊平台。与此同时保留"标高 1"所处的 0.000 标高。

根据"引桥断面图",依次通过绘制标高或者复制标高完成公共管廊平台桩底标高(-53.000)、零点标高(±0.000)、公共管廊平台桩顶标高(4.540)、倒 T 型横梁(7.500)、公共管廊平台(8.500)4 个标高的创建,如图 12 - 4 所示。

在"视图"选项卡"创建"面板中单击"平面视图"按钮,可以为项目创建楼层平面、天花板投影平面、结构平面等视图,在这里选择"楼层平面"创建楼层平面视图,结果如图 12 - 5 所示。

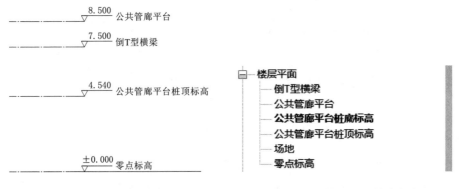

图 12 - 4 标高绘制完成   图 12 - 5 楼层平面创建完成

12.2.2 创建轴网

1.绘制水平轴网

（1）打开12.1节制作的"公共管廊平台"项目文件，切换至"零点标高"楼层平面，选择"建筑"选项卡，基准面板的 ⊞ 轴网工具自动切换至"修改 | 放置轴网"选项卡，进入轴网放置状态，如图12-6所示。

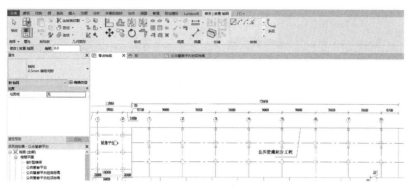

图12-6 轴网放置初始界面

（2）选择"属性"面板中的轴网类型为"轴网－6.5mm编号间隙"，"绘制"面板中轴网绘制方式为"拾取线"，拾取"X—X"轴线，如图12-7所示，默认编号从1开始。

（3）修改"X—X"轴线"属性"面板中的"名称"，如图12-8所示，改"1"为"X"。进入"编辑类型"界面，如图12-9所示，将"平面视图轴号端点"均勾选。临时隐藏已导入的图纸，结果如图12-10所示。

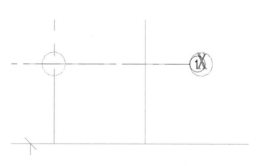

图12-7 X号轴线初次绘制完成

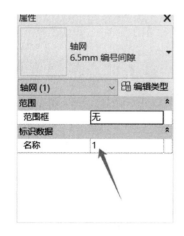

图12-8 "X—X"轴线"属性"
面板

图12-9 "类型属性"修改

图 12 - 10　"X—X"轴线绘制完成

（4）拾取 Y 轴线，临时隐藏已导入的图纸，如图 12 - 11 所示。

图 12 - 11　水平轴线绘制完成

2. 绘制竖直轴网

（1）在"建筑"选项卡的"基准"面板中单击"轴网"工具，继续使用"绘制"面板中的"拾取线"方式，沿图纸水平方向拾取第一条竖直轴线（图 12 - 12），自动命名为"Z"，如前面相同操作修改为 1 号轴线，临时隐藏已导入的图纸，则完成绘制，如图 12 - 13 所示。

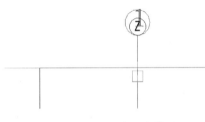

图 12 - 12　第一条竖直轴线

（2）拾取 2～8 号轴线，临时隐藏已导入的图纸，如图 12 - 14 所示，所有轴网创建完成。左上角"保存"，名为"公共管廊平台-标高轴网"。

图 12 - 13　1 号轴线绘制完成

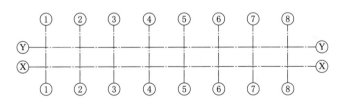

图 12 - 14　轴网绘制完成

12.3　布 置 垂 直 桩

根据"公共管廊平台断面图"与"桩位布置图"，"Φ1200 预应力混凝土大管桩"属于公共管廊平台的桩族，如图 12 - 15 所示，经 9.1.2 节补充完善，"Φ1200 预应力混凝土大管桩"在公共管廊平台项目中将布置倾斜桩。先将"Φ1200 预应力混凝土大管桩"载入公共管廊平台项目。

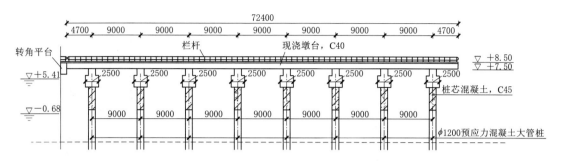

图 12-15 "Φ1200 预应力混凝土大管桩"布置示意图（单位：mm）

（1）如图 12-16 所示，点击"建筑"选项卡，选择"柱"，下拉选择"结构柱"，进入"修改 | 放置 结构柱"，在"属性"面板会自动跳出刚刚载入的"Φ1200 预应力混凝土大管桩"。

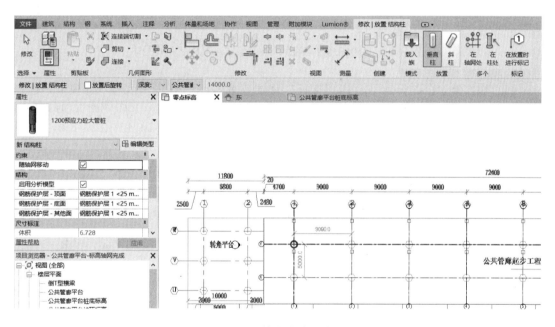

图 12-16 修改 | 放置结构柱

（2）如图 6-41 所示，在"放置"选项卡下，选择"垂直柱"，在图 12-16 所示位置完成放置。

（3）确保放置的垂直桩的"底部标高"为"公共管廊平台桩底标高"，"顶部标高"为"公共管廊平台桩顶标高"，如图 12-17 所示。

（4）复制上一步骤的垂直柱完成所有垂直桩的布置，切换"三维视图"，调整合适的角度，将"详细程度"调整为"精细"，"视觉样式"改为"真实"，并且临时隐藏某些图元，结果如图 12-18 所示。

193

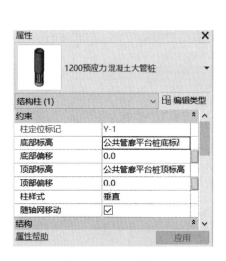

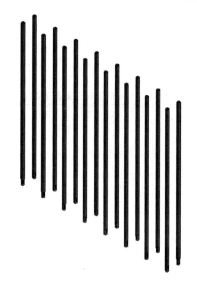

图 12 - 17　标高设置　　　　图 12 - 18　公共管廊平台垂直柱布置完成

12.4　布置倒 T 型横梁—2500×2960

（1）切换至"公共管廊平台桩顶标高"楼层平面视图，点击"结构"选项卡，选择"梁"，进入"修改 | 放置梁"，在"属性"面板会自动跳出刚刚载入的"倒 T 型横梁—2500×2960"，如图 12 - 19 所示。

图 12 - 19　放置倒 T 型横梁—2500×2960

（2）倒 T 型横梁—2500×2960 的当前位置如图 12 - 20 所示，随意放置"倒 T 型横梁—2500×2960"的位置，但需保证纵梁横跨距离应为引桥的横向长度。

（3）根据 5.2 节的倒 T 型横梁—2500×2960 的模型创建标高，最终确定在"属性"面板调整"Z 轴偏移值"为"2960.0"，如图 12 - 21 所示，并将倒 T 型横梁—2500×2960 移动至如图 12 - 22 所示的位置，调整完成后如图 12 - 23 所示。

（4）根据"公共管廊平台梁板布置图"，复制当前倒 T 型横梁—2500×2960 完成所有倒 T 型横梁—2500×2960 模型的布置，切换"三维视图"，调整合适的角度，将"详细程度"调整为"精细"，"视觉样式"改为"真实"，并且临时隐藏某些图元，结果如图 12 - 23 所示。

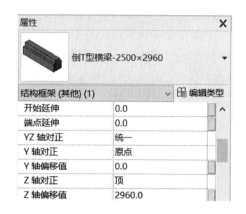

图 12-20 倒 T 型横梁—2500×2960 的当前位置   图 12-21 "Z 轴偏移值"设置

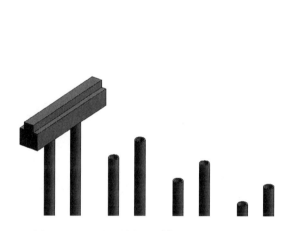

图 12-22 1 根"倒 T 型横梁—2500×2960" 创建完成   图 12-23 倒 T 型横梁—2500×2960 布置完成

12.5 布置公共管廊平台墩台

根据"公共管廊平台墩台断面图"（图 12-24）以及 5.5 节创建的公共管廊平台墩台的模型。布置公共管廊平台墩台前需要将公共管廊平台墩台模型导入。

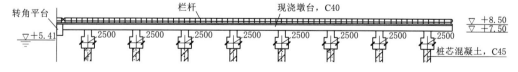

图 12-24 公共管廊平台墩台位置示意图（单位：mm）

（1）切换至"倒 T 型横梁"楼层平面视图，点击"建筑"选项卡，选择"构件"，下拉选择"放置构件"，进入"修改｜常规模型"，在"属性"面板会自动跳出刚刚载入的

195

"公共管廊平台墩台"，如图 6 - 54 所示。

（2）公共管廊平台墩台的当前位置如图 12 - 25 所示，调整"公共管廊平台墩台"的位置。调整完成后切换"三维视图"，调整合适的角度，将"详细程度"调整为"精细"，"视觉样式"改为"真实"，并且临时隐藏某些图元，结果如图 12 - 26 所示。所有的公共管廊平台墩台模型及过程文件已保存在"公共管廊平台墩台"文件夹中，如图 12 - 27 所示。

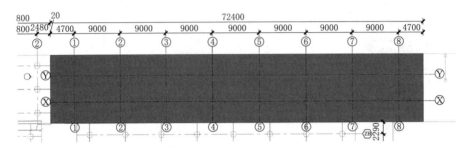

图 12 - 25　公共管廊平台墩台的当前位置（单位：mm）

图 12 - 26　公共管廊平台墩台
创建完成

名称

- φ1200预应力混凝土大管桩
- 倒T型横梁—2500×2960
- 港口CAD样板文件
- 公共管廊平台
- 公共管廊平台—标高轴网完成
- 公共管廊平台墩台
- 公共管廊平台—完成

图 12 - 27　公共管廊平台墩台模型及
过程文件保存完成

第13章 码头模型总装

13.1 1500kN快速脱缆钩

根据"码头平立面图",工作平台上应有2个1500kN快速脱缆钩,型式为一柱二钩,如图13-1所示。码头工程中快速脱缆钩的布置型式、位置、数量见表13-1,表格顺序为立面图中自左向右的主要结构。本码头工程共使用3种1500kN快速脱缆钩,如图13-2与图13-3所示。

表13-1 快速脱缆钩的布置型式、位置、数量汇总表

主要结构	快速脱缆钩型式	数量
1#系缆墩	1500kN快速脱缆钩——一柱四钩	1
2#系缆墩	1500kN快速脱缆钩——一柱三钩	1
3#系缆墩	1500kN快速脱缆钩——一柱三钩	1
1#靠船墩	1500kN快速脱缆钩——一柱二钩	1
工作平台	1500kN快速脱缆钩——一柱二钩	2
2#靠船墩	1500kN快速脱缆钩——一柱二钩	1
4#系缆墩	1500kN快速脱缆钩——一柱三钩	1
5#系缆墩	1500kN快速脱缆钩——一柱三钩	1
6#系缆墩	1500kN快速脱缆钩——一柱四钩	1

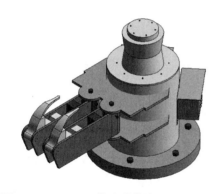

图13-1 1500kN快速脱缆钩——一柱二钩

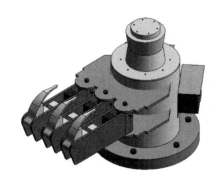

图13-2 1500kN快速脱缆钩——一柱三钩

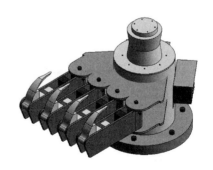

图13-3 1500kN快速脱缆钩——一柱四钩

在系缆墩、靠船墩、工作平台上依次完成脱缆钩的布置。

13. 2 钢 爬 梯

根据"码头平立面图",码头附属设施应有钢爬梯,如图 13 - 4 所示。码头工程中钢爬梯的布置位置与数量见表 13 - 2,表格顺序为立面图中自左向右的主要结构。

图 13 - 4 钢爬梯

表 13 - 2 钢爬梯的布置位置与数量汇总表

主要结构	钢爬梯数量
1[#] 系缆墩	1
2[#] 系缆墩	1
3[#] 系缆墩	1
1[#] 靠船墩	1
工作平台	1
2[#] 靠船墩	1
4[#] 系缆墩	1
5[#] 系缆墩	1
6[#] 系缆墩	1

13. 3 2500H 一鼓一板橡胶护舷

根据"码头平立面图",码头附属设施应有橡胶护舷,如图 13 - 5 所示,橡胶护舷将被布置于 1[#] 靠船墩和 2[#] 靠船墩上,各 1 个,共计 2 个橡胶护舷。

图 13 - 5 2500H 一鼓一板橡胶护舷

13. 4 消 防 炮 台

根据"码头平立面图",码头附属设施应有消防炮台,如图 13 - 6 所示,消防炮将被布置于 1# 靠船墩和 2# 靠船墩上，各 1 个，共计 2 个消防炮。

图 13-6　消防炮台

13.5　泵　阀　平　台

根据"码头平立面图"，码头附属设施应有 2 座泵阀平台，分别是隔油池及泵阀平台和化粪池及泵阀平台，隔油池及泵阀平台布置于工作平台，化粪池及泵阀平台布置于综合楼平台，分别在工作平台和综合楼平台创建相应的泵阀平台。

13.6　钢便桥及附属设施

在 Revit 中创建新项目，系缆墩、靠船墩、工作平台、引桥、转角平台、公共管廊平台、综合楼平台等同前节进行创建标高轴网等操作，将码头工程主要结构汇总至一个项目内。根据"码头平立面图"，码头附属设施应有 13 座钢便桥及基础用于连接码头主要结构，将钢便桥与码头主要结构组合，完成码头附属设施——Revit 部分的组装。

13.7　码头总装及渲染

根据提供的综合楼模型、输油管道模型、登船梯等，在 Navisworks 中完成整体模型的组装，并进行简单渲染，码头工程整体模型简单渲染如图 13-7 所示。

199

图 13 - 7 码头工程模型简单渲染

第14章 创建明细表及图纸

14.1 创建明细表

使用明细表工具可以统计项目中各类图元对象,生成各种样式的明细表。Revit 可以分别统计模型图元数量、材质数量、图纸列表、视图列表和注释块列表。在进行施工图设计时,最常用的统计表格是门窗统计表和图纸列表。接下来为工作平台项目创建门窗明细表。

(1) 选择"视图"选项卡,在"创建"面板中单击"明细表",在下拉列表中选择"明细表/数量",如图 14-1 所示。弹出"新建明细表"对话框,在"类别"选项中选择"门",如图 14-2 所示,单击"确定"按钮。

图 14-1 明细表

图 14-2 新建门明细表

(2) 弹出"明细表属性"对话框,在"可用的字段"列表里选择"族与类型""宽度""高度""合计"参数,单击"添加"按钮将其添加到"明细表字段"中,可通过"上移""下移"按钮调整参数顺序,如图 14-3 所示,单击"确定"按钮。默认门明细表截图如图 14-4 所示。选择"属性"面板中的"排序/成组"选项,按图 14-5 所示设置排序方法。完成后的门明细表截图如图 14-6 所示。

图 14-3 门明细表字段

<门明细表>

A	B	C	D
族与类型	宽度	高度	合计
单嵌板木门 1: 铁门-1000x 2700	1000.00	2250.00	1
单嵌板木门 1: 铁门-1000x 2700	1000.00	2250.00	1
双面嵌板木门 1: 1500 x 2100mm	1500.00	2100.00	1
单嵌板镶玻璃门 9: 900 x 2100mm	900.00	2100.00	1
单嵌板镶玻璃门 9: 900 x 2100mm	900.00	2100.00	1
单嵌板镶玻璃门 9: 900 x 2100mm	900.00	2100.00	1
防火卷帘+-+侧装: FJM特级 6628	3597.00	4000.00	1

图 14 - 4　默认门明细表截图

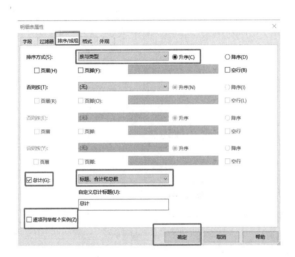

图 14 - 5　门明细表属性

<门明细表>

A	B	C	D
族与类型	宽度	高度	合计
单嵌板木门 1: 铁门-1000x 2700	1000.00	2250.00	2
单嵌板镶玻璃门 9: 900 x 2100mm	900.00	2100.00	3
双面嵌板木门 1: 1500 x 2100mm	1500.00	2100.00	1
防火卷帘+-+侧装: FJM特级 6628	3597.00	4000.00	1

图 14 - 6　门明细表截图

14.2　创 建 图 纸

在 Revit 中可以将项目中多个视图或明细表布置在同一个图纸视图中，形成用于打印和发布的施工图纸。Revit 可以将项目中的视图、图纸打印或导出为 CAD 格式。接下来为本工作平台创建图纸。

14.2.1　创建平面视图、立面视图、剖面视图

（1）创建平面视图。复制视图，右击"项目浏览器"的"F0"楼层平面视图，按图 14 -

7 所示的方法复制一个视图，命名为"F0 平面布置图"。选中复制的视图，然后单击"属性"面板中的"编辑类型"按钮，打开"类型属性"对话框。单击"复制"按钮，命名为"图纸"，如图 14-8 所示。单击"确定"按钮后，"F1 平面布置图"平面已经被移动到一个单独的楼层平面分类下。

图 14-7　复制视图

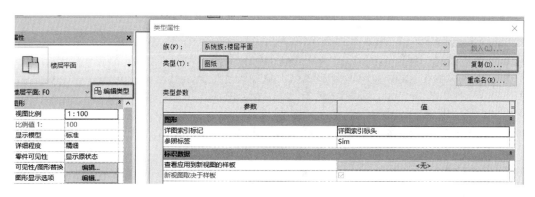

图 14-8　楼层平面类型设置

（2）为了保证视图的整洁美观，在出图时可将不需要的图元隐藏。单击"属性"面板中的"可见性/图形替换"，或按快捷键【VV】，打开"可见性/图形替换"对话框。在"可见性/图形替换"对话框中，切换至"模型类别"选项卡，不勾选当前视图中的地形、场地、植物和环境等类别，切换至"注释类别"选项卡，不勾选当前视图中的参照平面等不必要的对象类别，如图 14-9 所示。

（3）此时均不可见，单击"属性"面板中的"视图范围"按钮，将"剖切面"中的"偏移"调整为"1200"，"底部"和"视图深度"中的"偏移"调整为"-100"，如图 14-10 所示，此时为可见。

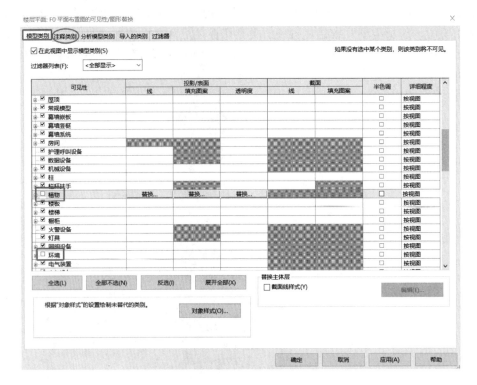

图 14-9　可见性设置

图 14-10　视图范围调整

（4）创建立面视图。复制一个东立面视图，"类型"属性改为"图纸"，隐藏不需要的图元，调整标高和轴网的位置，进行尺寸标注。按上述方法创建其他立面视图。

（5）创建剖面视图。切换至平面视图，在"视图"选项卡的"创建"面板中单击"剖面"工具，在 A 轴线和 B 轴线之间创建剖面，重新命名为"1—1"，在"可见性/图形替换"对话框中，切换至"注释类别"选项卡，勾选当前视图中的剖面。

（6）剖面创建完成后，右击选择"转到视图"，在视图界面进行调整。其他剖面视图参照此方法创建。

14.2.2 创建图框标题栏

标题栏是一个图纸样板，通常包含页面边框以及有关设计公司的信息，例如公司名地址和微标。标题栏还显示有关项目、客户和各个图纸的信息，包括发布日期和修订信息。

在"视图"选项卡的"图纸组合"面板中单击"图纸"工具，选择"A3"标，如图14-11所示。双击右侧信息，可以进入族编辑状态，按照需要进行修改和调整。

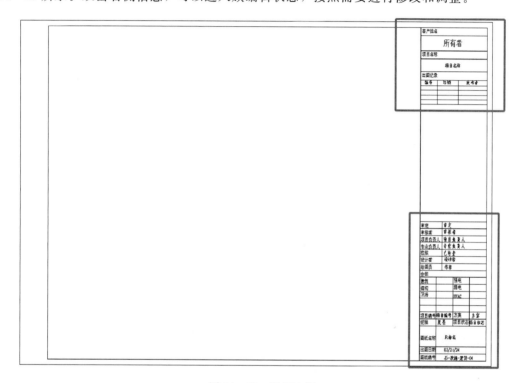

图 14-11　图纸边框

第15章 模 型 导 出

15.1 导 出 为 DWG 文 件

DWG 格式的文件是目前使用较多的，也是目前设计单位不同专业协同设计、指导现场施工的参考依据。

15.1.1 导出命令

单击应用程序菜单下方的"文件"选项，弹出应用程序菜单列表，在应用程序菜单选择"导出"选项，可弹出"创建交换文件并设置选项"对话框，如图 15-1 所示。

弹出的对话框列表中提供了多种导出的文件类型，以"CAD 格式"为例，包含 DWG、DXF、DGN、ACIS（SAT）的文件格式。

拾取到 CAD 格式，在弹出的列表中选择"DWG"选项，可导出 DWG 格式的文件，如图 15-2 所示。

图 15-1　导出 CAD 格式 　　　　　　　　图 15-2　选择导出格式

15.1.2 导出设置

在 Revit 中没有图层的概念，而 CAD 图纸中图元均有自己所属的图层，在导出时可对图层进行设置。单击"DWG 导出"对话框→"选择导出设置"后方的 ... 按钮进入"修改 DWG/DXF 导出设置"窗口，如图 15-3 所示。

在"修改 DWG/DXF 导出设置"对话框中，可通过右下方的按钮新建样式，如图 15-4 所示。

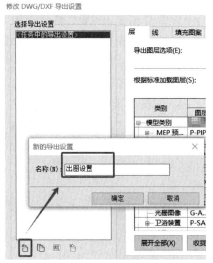

图 15-3　导出设置 　　　　　　　　　　　　　　图 15-4　新建样式

单击"确定"按钮完成新样式的创建，在选项中可依次对导出的层、线、填充图案、文字和字体、颜色、实体、单位和坐标进行设置，如图 15-5 所示。设置完成后，单击"确定"按钮关闭"修改 DWG/DXF 导出设置"对话框，并在 DWG 导出窗口中的"选择导出设置"下拉列表选择刚刚设置的样式作为导出样式。

类别	投影			截面		
	图层	颜色	图层修改器	图层	颜色	图层修改器
模型类别						
MEP 预...	P-PIPE	3				
HVAC 区	M-Z...	51				
MEP 预...	E-CA...	211				
MEP 预...	Z-M...	3				
MEP 预...	M-H...	70				
专用设备	Q-SP...	91				
体量	A-M...	70		A-M...	70	
停车场	C-PR...	70				
光栅图像	G-A...	1				
卫浴装置	P-SA...	6				

图 15-5　新样式编辑

207

15.2 导出为 NWC 文件

在 Revit 中模型容量一般较大，模型文件大小一般为几十兆或几百兆字节，在浏览时会出现不流畅的现象，在实际工程中，常将模型导入 Navisworks 中进行多专业模型的整合及轻量化浏览。NWC 格式是从 Revit 到 Navisworks 的缓冲轻量化文件。

在应用程序菜单下方单击"文件"，选择"导出"，在弹出的列表中选择"NWC"格式，如图 15 - 6 所示。

如果没有安装 Navisworks 软件则不会出现导出 NWC 选项。应先安装 Revit，后安装 Navisworks 才能正常使用此功能。

在弹出的"导出的场景为"窗口中可对文件名称及保存位置进行设置，单击左下方的"Navisworks 设置"选项，可弹出"Navisworks 选项编辑器 - Revit"设置对话框，如图 15 - 7 所示。

图 15 - 6 导出为 NWC 文件

图 15 - 7 Navisworks 设置

15.3 导出为其他格式文件

15.3.1 导出 FBX/IFC 文件

（1）选择左上角的"文件"→"导出"，可选择 FBX 或 IFC 文件格式，如图 15 - 8 所示。可在其他软件中查看导出的相关文件或编辑，但编辑或查看的过程中需要明确与之前的模型构件相比是否有构件的缺失。比如能够通过 Revit 导出 IFC 文件，在其他设计或分析软件中打开并编辑；并且其他软件能够通过构件的信息进行"再生"，这样就不怕构件的缺失。反之有时在 Revit 打开 IFC 文件会造成构件的缺失，原因是软件之间族可能不同，Revit 无法识别其他软件的构建类型。

（2）Revit 也支持其他格式，导出的方式相同。

IFC 是国际通用的 BIM 标准格式，在导出时其对话框为英语，如图 15-9 所示，设置方式与其他的设置相似，在此不再赘述。

15.3.2　导出动画与图像

导出动画首先应制作漫游动画。选择三维视图中的"漫游"，在需要制作漫游的建筑物或者场景中设置漫游的轨迹，单击工具栏中的"确定"按钮完成漫游，所制作的漫游就会出现

图 15-8　导出 FBX/IFC

在"项目浏览器"中的"漫游"选项，选择左上角的文件"导出"动画即可。

导出 IFC　　　　　　　　　　　　　　　　　　　　　　　　　　✕

文件名：　　　　　　C:\Users\dell\Desktop\0004-03 发电站-地上建筑.ifc　　　　浏览...

当前选定设置：　　　<在任务中设置>　　　　　　　　　　　修改设置...

IFC 版本：　　　　　IFC 2x3 Coordination View 2.0

要导出的项目：

　☑ 0004-03 发电站-地上建筑

如何指定导出设置？　　　　　　　　　　　　　　　　　导出　　　取消

图 15-9　IFC 设置

导出图像首先应制作图像，也就是会导出"渲染"的场景并制作图像。首先选择"视图"→"三维视图"中的"相机"，放置平面视图，拖动选择角度以及需要渲染的范围；然后会自动显示一个视图。此时可手动拖动剖面框加大或缩小视图范围，也可在剖面框中按【Shift】键选择建筑场景的角度。

最后在工具栏的"视图"中单击"渲染"按钮，会跳出一个矩形页面，根据需要的背景设置日光等参数，最后渲染。渲染好以后保存到项目中，设置结果可在"项目浏览器"中可查看。

选择导出图像（图 15-10），在弹出的"导出图像"对话框可对图像进行设置。

导出漫游需要在项目中创建一个漫游，在导出时，弹出"长度/格式"对话框，可对导出的帧、导出视觉样式、分辨率大小进行设置，如图 15-11 所示。勾选"包含时间和日期戳"复选框，将会在视频中添加时间和日期水印。

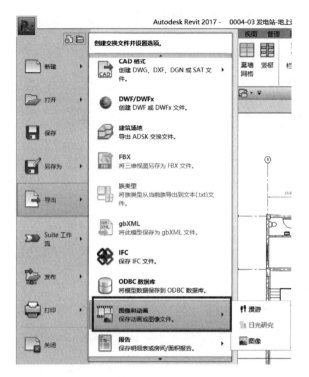

图 15 - 10 导出图像与动画

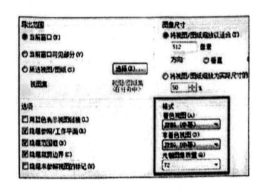

图 15 - 11 导出设置

15.3.3 导出明细表

明细表有两种导出方式：一种是将明细表拖曳至图纸中，和图纸一起导出为 DWG 格式或打印为 PDF 格式；另一种是通过应用程序菜单中的导出报告功能进行导出。

第一种导出方式可参照图纸导出的内容。本章以门窗明细表为例，讲解报告导出的方法。单击左上角的"文件"，选择"导出"，在弹出的列表中选择"报告"选项，如图 10 - 12 所示。

Revit 导出的明细表为 txt 文本格式，如图 15 - 13 所示，可将文本复制到 Excel 表格中，转换为表格格式，如图 15 - 14 所示。

图 15-12　导出报告

```
窗明细表 - 记事本
文件(F)  编辑(E)  格式(O)  查看(V)  帮助(H)
"窗明细表"          ""         ""
"族与类型"          "宽度"      "高度"      "合计"
""         ""
"推拉窗7 - 带贴面: 1500 x 2100mm"         "1500.00""2100.00""2"
"窗 - 方形洞口: 1500 x 1200mm"           "0.00"    "0.00"    "1"
"窗 - 方形洞口: 2400 x 1200mm"           "0.00"    "0.00"    "2"
"窗 - 方形洞口: 3000 x 1200mm"           "0.00"    "0.00"    "15"
"组合窗 - 双层四列(两侧平开) - 上部固定: 2400 x 2100mm"    "2400.00""2100.00""1"
"组合窗 - 双层四列(两侧平开) - 上部固定: 3000 x 2100mm"    "3000.00""2100.00""7"
"总计: 28"""         ""         ""
```

图 15-13　文本格式

窗明细表			
族与类型	宽度	高度	合计
推拉窗7 - 带贴面: 1500 x 2100mm	1500	2100	2
窗 - 方形洞口: 1500 x 1200mm	0	0	1
窗 - 方形洞口: 2400 x 1200mm	0	0	2
窗 - 方形洞口: 3000 x 1200mm	0	0	15
组合窗 - 双层四列(两侧平开) - 上部固定: 2400 x 2100mm	2400	2100	1
组合窗 - 双层四列(两侧平开) - 上部固定: 3000 x 2100mm	3000	2100	7
总计: 28			

图 15-14　表格格式

15.4　图　纸　打　印

Revit 可将项目中的图纸进行打印。

　　安装 PDF 与虚拟打印机后，选择左上角文件中的"打印"（图 15 - 15），设置与图框匹配的纸张的尺寸，也可根据需求设置打印图纸的方向（纵向或横向）。在弹出的"打印"窗口设置打印机，在"文件"位置勾选"将多个所选视图/图纸合并到一个文件"，并设置保存位置，然后在"打印范围"选择需要打印的内容。单击"设置"按钮，弹出"打印设置"对话框，如图 15 - 16 所示，可对打印的纸张、页面位置、打印颜色进行设置，并对修改的设置进行保存；一般情况下可不作设置，直接单击"确定"按钮，完成图纸打印。

图 15 - 15　打印

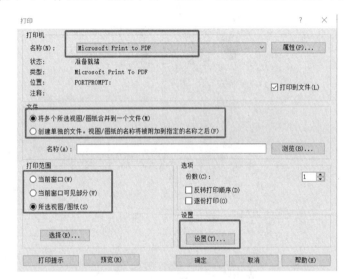

图 15 - 16　打印设置

参 考 文 献

［1］ 牛立军，黄俊超. BIM 技术在水利工程设计中的应用［M］. 北京：中国水利水电出版社，2019.

［2］ 王光纶. 水工建筑物［M］. 北京：中国水利水电出版社，2019.

［3］ 孙仲健. BIM 技术应用——Revit 三维建模［M］. 北京：清华大学出版社，2022.

［4］ 王君峰. REVIT ＿ ARCHITECTURE ＿ 2010 建筑设计火星课堂［M］. 北京：人民邮电出版社，2010.

［5］ 廖小烽，王君峰. Revit 2013/2014 建筑设计火星课堂［M］. 北京：人民邮电出版社，2019.

［6］ 姜曦，王君峰. BIM 导论［M］. 北京：清华大学出版社，2017.

［7］ 刘云平，曹天明. Revit 操作教程从入门到精通［M］. 北京：化学工业出版社，2022.

［8］ 我知教育. Revit＋Lumion 中文版从入门到精通［M］. 北京：清华大学出版社，2019.

［9］ 林继镛，张社荣. 水工建筑物［M］. 北京：中国水利水电出版社，2019.

［10］ 颜宏亮，闫滨. 水工建筑物［M］. 北京：中国水利水电出版社，2018.

［11］ 田斌，孟永东. 水利水电工程三维建模与施工过程模拟及实践［M］. 北京：中国水利水电出版社，2008.

［12］ 清华大学 BIM 课题组，互联立方（isBIM）公司 BIM 课题组. 设计企业 BIM 实施标准指南［M］. 北京：中国建筑工业出版社，2013.

［13］ 中华人民共和国水利部. 水利水电工程制图标准基础制图：SL 73.1—2013［S］. 北京：中国水利水电出版社，2013.

［14］ 王元战. 港口与海岸水工建筑物［M］. 北京：人民交通出版社，2013.

［15］ 中华人民共和国交通运输部. 港口与航道工程制图标准：JTS/T 142‐1—2019［S］. 北京：中国水利水电出版社，2019.

［16］ 中华人民共和国交通运输部. 水运工程信息模型应用统一标准：JTS/T 198‐1—2019［S］. 北京：中国水利水电出版社，2019.